U0594832

"国培计划"：职业院校教师培训工作实践探索

黄艳华　阚柯　林仲桂　著

吉林人民出版社

图书在版编目（CIP）数据

"国培计划"：职业院校教师培训工作实践探索 /
黄艳华, 阚柯, 林仲桂著. — 长春：吉林人民出版社,
2021.11
    ISBN 978-7-206-18708-7

Ⅰ.①国… Ⅱ.①黄… ②阚… ③林… Ⅲ.①高等职
业教育－师资培训－研究 Ⅳ.①G718.5

中国版本图书馆 CIP 数据核字(2021)第 223712 号

"国培计划"：职业院校教师培训工作实践探索
"GUO PEI JIHUA": ZHIYE YUANXIAO JIAOSHI PEIXUN GONGZUO SHIJIAN TANSUO

著　　者：黄艳华　　阚柯　　林仲桂
责任编辑：孙　一　　　　　　封面设计：张会丽
出版发行：吉林人民出版社(长春市人民大街 7548 号　邮政编码：130022)
印　　刷：北京市兴怀印刷厂
开　　本：710mm × 1000mm　　　　1/16
印　　张：12　　　　　　　　字　　数：202 千字
标准书号：ISBN 978-7-206-18708-7
版　　次：2022 年 6 月第 1 版　　印　　次：2022 年 6 月第 1 次印刷
定　　价：79.00 元

前　言

十年树木，百年树人。教师在育人过程中肩负着重要的使命，随着时代的发展和理念的更新，教师更需要不断学习，增强自己的专业素养，因此对教师的培训显得尤为重要。国家出台了不同的政策以保障教师培训工作的有序进行，培训以提高教师的学历水平和业务能力为目标，但培训缺乏统一管理，培训效果不佳。

教育大计，教师为本。有好的教师，才有好的教育。教师培训质量是衡量一个地区教师继续教育水平的重要指标，也是教师培训的核心。随着教师继续教育的发展和对教师专业化发展的要求，教师培训作为教师继续教育的重要方式之一，其培训质量成为关注的焦点。我国从 2010 年起组织实施"中小学教师国家级培训"（简称"国培计划"）。本书以湖南省各地职业院校开展教师"国培计划"为基础，对深入湖南省各地职业院校开展的教师"国培计划"进行了考察。

全书一共分为六章，第一章主要是对"国培计划"的认识与解读；第二章主要阐述了"国培计划"背景下教师培训工作等内容；第三章主要阐述了教师"国培计划"项目实施存在的问题及策略；第四章主要阐述了湖南教师"国培计划"的实施背景与方案；第五章主要阐述了湖南省"国培计划"教师培训的开展创新等内容；第六章主要阐述了"国培计划"背景下湖南省职业院校教师培训工作项目开展实践等内容。

为了确保研究内容的丰富性和多样性，在创作过程中参考了大量理论与研究文献，在此向涉及的专家学者们表示衷心的感谢。

最后，水平有限，加之时间仓促，本书难免存在疏漏，在此，恳请同行专家和读者朋友批评指正！

著　者

目　　录

第一章 "国培计划"的认识与解读

第一节 "国培计划"的内涵解读

一、"国培计划"的提出

党的十七大提出"加强教师队伍建设，重点提高教师素质，发展远程教育和继续教育"的要求。党的十八大又进一步指出，加强教师队伍建设，提高师德水平和业务能力，增强教师教书育人的荣誉感和责任感。《国家中长期教育改革和发展规划纲要（2010－2020年）》提出，要加强教师队伍建设，提高教师整体素质，加快发展继续教育。为此，教育部、财政部联合发出《关于实施"职业院校国家级培训计划"的通知》，决定从2010开始实施"职业院校国家级培训计划"（简称"国培计划"）。通知强调，各地要加大教师培训力度，分类、分层、分岗、分科大规模组织教师培训，全面提高职业院校队伍整体素质，为推进义务教育均衡发展、促进基础教育改革，提高教育质量提供师资保障。党的十九大报告中提出，推动城乡义务教育一体化发展，高度重视农村义务教育。必须把教育事业放在首位，办好人民满意的教育。

为加强幼儿教师队伍建设，提高幼儿教师素质，教育部、财政部决定从2011年起，实施"幼儿教师国家级培训计划"。至此，"国培计划"的全称升级为"中小学幼儿园教师国家级培训计划"。

综上所述，"国培计划"是为贯彻落实全国教育工作会议和《教育规划纲要》而启动的第一个教育发展重大项目，是进一步加强职业院校队伍建设的一项重大举措，是为加强教师培训，全面提高职业院校和幼儿教师教育教学水平和加强教师队伍素质而提出的教育政策。

二、"国培计划"的项目设置

"国培计划"培训项目主要包括"职业院校示范性培训项目"和"中西部农村骨干教师培训项目"两项内容。2011年又提出"幼儿园教师国家级培训"，共三个子项目。

（一）职业院校示范性培训项目

该项目是由教育部、财政部面向各省（市、区）职业院校组织实施的示范性培训项目。中央本级财政每年拨款 5000 万元支持这一项目的实施。旨在充分发挥其示范引领、"雪中送炭"和促进改革的作用，推动各地教师培训工作的开展，促进教师培训工作在新的起点上取得新的突破。

通过培训，开发和提供一批优质课程教学资源，为"中西部骨干教师培训项目"和职业院校专业发展提供有力支持。主要包括中小学骨干教师培训、职业院校远程培训、骨干班主任教师培训、中小学紧缺薄弱学科教师培训等示范性项目。

（二）中西部农村骨干教师培训项目

为进一步加强农村教师队伍建设，提高教师队伍整体素质，促进教育公平和义务教育均衡发展，2010 年，中央财政安排专项资金 5 亿元，支持启动实施"中西部农村骨干教师培训项目"。

在教育部、财政部统筹规划和指导下，中西部各省份按照"国培计划"总体要求，对义务教育教师进行有针对性的培训，同时，引导地方完善教师培训体系，加大教师培训力度，提高教师的教学能力和专业水平，为促进教育改革发展提供师资保障。通过创新培训机制，为中西部地区培训一批骨干教师，使他们在实施课程改革、素质教育和教师培训上发挥示范辐射作用。主要以职业院校置换脱产研修、职业院校短期集中培训、职业院校远程培训为重点。

该项目是通过高水平师范院校与优质中小学联合，采取集中研修和"影子教师"相结合的方式，与城镇教师支援教育、师范生实习支教相结合，组织支教教师、师范生到中小学支教、顶岗实习，置换出骨干教师到培训院校和优质中小学进行为期 3 ~ 6 个月的脱产研修，旨在提高教师专业能力和教育教学水平，推动教师教育改革。

（三）幼儿教师国家级培训计划

为贯彻落实国务院《关于当前发展学前教育的若干意见》（国发〔2010〕41 号）和财政部、教育部《关于加大财政投入支持学前教育发展的通知》（财教〔2011〕405 号）精神，加强幼儿教师队伍建设，提高幼儿教师素质，教育部、财政部决定从 2011 年起，实施"幼儿教师国家级培训计划"。该项目主要包括幼儿教师短期集中培训、幼儿园"转岗教师"培训、幼儿园骨干教师置换脱产研修。

三、"国培计划"的价值

实施"国培计划",是提高职业院校特别是教师队伍整体素质的重要举措,对于推进义务教育均衡发展、促进基础教育改革,提高教育质量具有重要意义,旨在发挥示范引领、"雪中送炭"和促进改革的作用。通过"国培计划"培训一批"种子"教师,使他们在推进素质教育和教师培训方面发挥骨干示范作用。推动全国大规模职业院校培训的开展,显著提高教师队伍素质,促进教师教育改革,推动高等师范院校面向基础教育,服务基础教育。这是其社会价值的体现。

"国培计划"具有公共价值性,这主要体现在"国培计划"的公益性、公平性和正义性。并运用权威和强制,从培训机构、培训人员、受训对象,到培训过程的组织专业化以及培训评估都必须"权威"。除此之外,它的教师专业发展价值主要表现为,通过实施"国培计划"提高教师认知能力、改变或改善教师行为、提升教师教育教学实践能力以及提高教师基本专业素养。

如何使"国培计划"的价值最大化?这就需要从多方面协调配合,共同努力,尽心尽责地办好培训。通过培训使每一位参训教师都学有所得,让这些参训骨干教师承担起培训本单位的其他教师的责任,起到引领辐射的作用。最终实现"国培计划"的社会价值以及其他方面的价值,不断提高职业院校特别是教师队伍的整体素质,为推进义务教育均衡发展、促进基础教育改革,提高基础教育质量做贡献。

四、"国培计划"的变革

纵观"国培计划"的发展规划,我们不难发现,教师培训政策直接影响了教师培训的发展,"国培计划"所进行的创新性变革与政府培训政策的引导是分不开的。实践证明,"国培计划"符合我国教育事业的发展需要,是我国教师培训历史上的里程碑事件,给我国教师培训带来了一个崭新的"春天"。但是,随着"国培计划"规模的不断扩大和实施的不断深入,一些深层次的问题也随之而来,并且一直困扰着"国培计划"的健康发展。诸如前期调研空洞、浮泛,重申报、轻落实,投入大、收效较小,培训未能体现成人学习的特性,培训缺乏专业性,以及如何实现"国培计划"的可持续发展等问题。解决"国培计划"这些深层次的问题已不仅仅是技术和方法问题，而是需要借助政策的力量对"国培计划"给予更高位的审视、构建与推进，从而塑造新的教师培训文化。

然而，"国培计划"的政策不仅仅要考虑当务之急，还要着眼于长远发展，既要有针对现实问题的操作性的制度、机制和规范措施的要求，又要有促进"国培计划"可持续发展的意识、规划和保障条件。因此，要完善"国培计划"的培训制度，促进中小学教师全员常规培训的发展，对其政策的变革趋势进行展望并作分析是十分必要，而且也是非常有意义的。本部分在前部分归纳和分析的基础上，提出"国培计划"政策的变革趋势并作有益分析，以期为"国培计划"的持续发展和中小学教师全员常规培训的有效实施提供参考和借鉴。

（一）常态化：由项目化的培训向教师常态化学习转变

"国培计划"自实施以来，根据实际情况不断地进行改革与创新，取得了显著成效，使我国教师培训工作提升到了一个新的台阶。但是，当回过头来仔细审视"国培计划"的时候，我们会发现"国培计划"更像是一场运动，来也匆匆，去也匆匆，没有形成一套机制。有些教师抱怨说："现在的教师不是在培训中就是在培训的路上！"甚至有些地方为了"国培计划"出现了"抓壮丁"的现象。这些问题确实值得我们反思，即"国培计划"能否长期地发展下去，如果要继续，该如何改进？"国培计划"要想继续有效地推行下去，就必须建立长效的发展机制，要接地气，落实效，逐步由运动性的培训转化成常规性的培训。

1. 下移管理重心，积极建立长效发展的联合机制

"国培计划"项目的管理权限主要集中在教育部和省级教育行政部门，这为其有效地实施和顺利的推进奠定了坚实的基础和良好的保障条件。但是，"国培计划"实施到今天，我们有两个问题必须要面对：一是如果教育部不推行"国培计划"，那么我们的省培计划和中小学教师全员常规的培训该怎么进行？二是如果教育部继续推行"国培计划"，那么怎样使"国培计划"持续有效地发展下去？对于这两个问题，我们可以采取下移管理重心的办法，建立教师培训长效发展机制，以此来促进"国培计划"和中小学教师全员常规培训的持续发展。教育部做好顶层设计，省级教育行政部门进行统筹，重心下移至市州，调动地方参与培训项目的积极性。同时，"国

培计划"的培训管理应从"控制模式"转向"支持模式",重构政府、大学、区域教师培训机构、中小学校的四方联动关系。只有建立以地方为主,持续性的教师培训投入机制和管理体制才能充分发挥地方参与"国培计划"的积极性和主动性,才能从根本上保证培训的质量和效益。管理重心的下移,并不是削弱教育部的权限,而是建立由教育部统领,省级教育行政部门协调,地市和区县教育行政部门全面参与、实施的协作机制。这样不仅可以充分保证"国培计划"的有效落实,而且还可以避免以后教育部不推行"国培计划",其他各级各类教师培训可以照常在这个机制下有序地操作和规范地运行。其实,在2014年,"国培计划"的政策文件中已经明确提到了管理重心下移的问题,即各省级教育、财政部门要进一步明确项目管理分工,落实各方责任,建立"联合立项、分工负责、协作推进"的工作机制,强化地市和区县教育行政部门在培训立项阶段和组织实施过程的参与,确保项目管理落到实处。由此可见,教育部已充分认识到了这个问题,并通过管理重心下移的方法来推进"国培计划"常态化发展,以便真正落实培训项目,保证培训实效。

2. 以"国培计划"为契机,推进教师培训实践基地常态发展

"国培计划"特别强调培训的实践趋向,注重教师培训实践基地的建设,提倡教师培训深入教学实际,以提高教师的实践能力,使理论学习与实践锻炼相融合。"国培计划"在政策层面上明确指出,要"遴选优质幼儿园、中小学,建立'国培计划'教师实践基地",同时,"国培计划"还首创了置换脱产研修模式,这些都促进了优质教师实践基地的建立和发展,为参训教师搭建了理论学习和实践锻炼的桥梁,提升了培训质量。在今后实施"国培计划"的过程中,应以"国培计划"为契机,加强教师培训实践基地的建设和发展,使基地建设常态化,以此来反哺"国培计划"的常态化发展,切实把"国培计划"落到实处。教师培训实践基地的建立,使观摩、交流常态化,理论知识在实践中得到充分的应用和印证。参训教师能亲身感受到名校名师的风采,学到先进的教学技能和方法;基地学校也通过给国培班上示范课,促进了学校教学水平的提高,推动了校本研修的开展;有了稳定的基地,高校专家也有了施展本领的平台。推进教师培训实践基地的建设和发展,不仅在于促进理论学习和实践锻炼相结合,提升培训实效与水平,更在于对教师培训和基地学校的长足发展和深远意义。有了一批数量充足、结构合理、质量过关的教师培训实践基地,即使"国培计划"不实行了,这些优质的实践基地依然可以为其他各级各类教师培训提供资源支撑和实践支持，而且质量方面还能得到有效保证。同时，基地学校也可以在实践当中得到提升和发展，实现了二者的双赢。

总而言之，"国培计划"要持续的发展下去，真正落实其实效，就必须加强教师培训实践基地的建设和发展，为教师专业成长及常态化学习的形成奠定坚实的实践基础。

3．开展基于网络的校本研修，促使校本常态化学习的形成

学校是教师行为转化的主要场所，课堂是教师培训后实践应用的主要阵地，培训的作用必须在学校工作中体现，需要在学校教育环境中运用培训收获，使培训对象感受到培训对改进工作和自己发展的价值。日本著名的教育家佐藤学先生也曾说道：从一年做一次法国大菜的教师，变成每日三餐过问柴米油盐，并能做出美味菜肴的教师。因此，"国培计划"下一步的发展趋向应是由政府主导转向学校、教师自主学习与发展，即加强校本的研修，促使校本常态化学习的形成，以此来推动"国培计划"常态化发展。具体可以依托教师网络研修社区，采取网络研修与校本研修整合，建立校本研修常态化运行机制，提高校本研修质量，促进教师学用结合，推动教师培训常态化。首先，培训机构建立"个人空间——教师工作坊——研修社区"一体化网络研修体系，为各地开展校本研修提供线上与线下的专业支持与服务。其次，项目区县将网络研修与校本研修整合培训纳入县级培训规划，制定整体推进方案并组织县级培训者有效利用"教师工作坊"对校本研修活动进行指导与监管。最后，项目在培训机构专家团队和县级培训者的指导下，由校级培训者依托网络研修社区，组织全体教师开展网络研修与现场实践相结合的常态化校本研修活动。学校是校本研修的组织主体，一定要制定好研修规划，完善项目组织体系，建立组织管理制度，健全评价考核机制，确保全体教师的日常研修能真正落到实处，切实促进教师的专业发展。在研修内容的设计上，网络研修培训机构要以任务驱动为主线，根据各地需求，确定研修主题，分阶段设计系列课程模块，每个模块应包括学习目标、专题内容、典型案例、线上与线下研修活动和成果要求等，将必修与选修相结合，明确线上与线下研修的学时任务。校本研修阶段项目要结合培训机构和区县制定的研修计划，做好校本研修规划，制定学科组和个人研修计划，要结合本校实际，有效整合培训机构和区县提供的课程，设计系列校本研修活动，为开展具有本校特色的校本研修活动奠定基础。总之，开展网络校本研修是促进"国培计划"常态化发展的一个有效手段和方法，也是深入推进"国培计划"创新性变革的

一个强有力措施，更是提高教师教育教学能力，引领其专业发展的一项创新举措。

（二）精细化：由数量增长的培训转向质量提升的培训

现在各行各业都存在培训倦怠的现象，虽然"国培计划"自实施以来就不断地进行改革与创新，但是"国培计划"实施到今天也出现了培训倦怠的现象。为什么会出现这样的状况呢？这是因为随着"国培计划"的继续推进和不断深入，其规模越来越大，再加上实施过程中也存在一些问题，如学员重复参培、学员无法派出、培训效果不佳以及一些客观条件的限制等，这就致使很多教师对"国培计划"产生了厌倦心理，甚至是抵触情绪。因此，当"国培计划"实施到今天这个关键的时候，我们应当回过头来仔细地审视和反思，并对其进行修整和完善。"国培计划"要改变一哄而上的局面，需要减负增效，将其简约化和精细化，要由表层走向深入，由数量转向质量，要根据实际情况开展系统性和有针对性的培训，使"国培计划"更受一线教师的欢迎，消除他们的倦怠情绪，真正提高培训质量，促进教师专业发展。

1. 恪守"国培计划"核心宗旨，真正实现其理论价值

"国培计划"的有效实施对于推进教师培训理念的转变和模式的改革起到了示范引领作用，推动了地方教师培训经费的投入和培训管理的创新，对教师起到了雪中送炭的作用。但是，针对教师们对"国培计划"的倦怠心理，不得不对"国培计划"进行仔细的审视和做出相应的调整，使其蓬勃健康地发展。对"国培计划"进行减负增效，首先，一个必要的前提条件和重要保障就是要清楚和明白"国培计划"应该做什么？如果对这一前提条件没有把握好，那么改革必将是盲目的，结果注定是失败的。"国培计划"是国家在新的历史时期为提升教育质量，促进教育均衡发展，实现教育公平而采取的一项重大战略举措，其主要目的是为全国培养一批种子教师，使他们在实施素质教育、推进基础教育改革和教师培训中发挥示范引领作用。因此，"国培计划"不能做成像省培、市培那样，要与"国"字号相符合，要体现出国家意志，要示范引领省、市、县的教师培训工作，始终恪守示范引领、雪中送炭和促进改革的宗旨。"国培计划"作为城乡协同、规模空前的教师专业发展行动，其示范引领、雪中送炭、倾斜、服务急需的宗旨应始终恪守不变。只有恪守"国培计划"的核心价值，才能有目的、

有计划、有组织地对"国培计划"进行改革与调整，才能充分有效地保证在达到"国培计划"宗旨的同时促使其又好又快地发展。

2. 在保证承担主体多元化的前提下，进一步精选培训机构

"国培计划"发展到今天，已经从最初的一些试点院校发展到全国各地很多院校广泛参与的生动局面，在"国培计划"规模不断扩大的情况下，保证了"国培计划"的有效运行和顺利实施。但是，目前承办"国培计划"项目的单位主要还是师范院校和教育学院。不可否认，大学在师资培训上有其他机构无法企及的独特优势，如知识优势、研究优势、文化氛围优势、课程设计与开发优势等。但是从上20世纪60年代开始，欧美等教育发达国家就已摆脱了单一依靠大学进行师资培训的局面。以德国为例，许多企业、文化事业单位都担负着培训教师或提供教师培训场所的义务。同时，伴随着"国培计划"规模的不断扩大，一些深层次地问题也随之凸显出来，承担院校以师范院校为主，培训承担主体单一、有些承担院校资质较差，难以保证培训质量等。因此，今后在实施"国培计划"的过程当中，应积极贯彻和落实"国培计划"的招投标制，发扬"国培计划"的创新性变革，建立更加科学和严格的培训机构遴选机制。严格项目申报和审批程序，在保证培训承担主体多元化的前提下，进一步精选培训机构，以竞争促进资源盘活，以择优促进质量提升，以便在构建开放的现代化教师培训体系的前提下，确保培训的质量和效益，真正体现出"国"字号要求。

3. 由数量转向质量，进一步精简"国培计划"的培训项目

"国培计划"实施之初，包括"中小学教师示范性培训项目"和"中西部农村骨干教师培训项目"，2011年新增了"幼儿园教师国家级培训计划"。其中，"示范性项目"分为集中培训项目和远程培训项目两大类，"中西部项目"包括置换脱产研修、短期集中培训和远程培训三类项目，"幼师国培"包括幼儿园教师短期集中培训、幼儿园转岗教师培训以及幼儿园骨干教师置换脱产研修三类项目。可以看出，"国培计划"的培训项目比较多，方式多样化，涉及的面也相当广泛，而且随着"国培计划"的不断深入其规模也越来越大。"国培计划"以项目的多样化、形式的多元化以及规模的扩大化来增加受益面积，扩大辐射范围，不仅取得了培训量上的突破，而且还提高了我国教师队伍的整体水平，促进了社会的发展。但是，从"国培计划"这些年实施的效果来看，并不是太理想，只有"量"上的增加却没有"质"上的多大改变，只有资金投入的增加却很少有培训质量的提高，只有规模的扩大却很少有效益的连带，多年"国培计划"实施下来，还逐渐累积了"身心倦怠"等一系列问题。

国家在远程培训项目上的投入很大一部分流于形式，造成了很多人力、物力和财力的浪费，致使"国培计划"的远程培训项目每年只有数量上的增加，却没有质量上的改变，培训效益没有得到充分的体现。有鉴于此，"国培计划"在今后的推行和实施当中，要由表层走向深入，由数量转向质量，对其进行"减负"，去形式，重本质，看疗效。远程培训项目的规模需要控制，要基于现实条件进行裁剪，应是下面报需要哪些学科多少人参培，即按需进行培训。同时，要评估远程培训的实际效果，最好将远程培训与集中培训相结合，以此来引导更多的教师参与学习，提高理论知识，更好地结合自身实际开展教学活动，使国家的投入真正发挥作用，切实提高培训实效。不仅如此，还应该减少或停止面上的集中和置换研修项目，鼓励培训机构与区域教育行政部门联合开展跨年度培训项目，培训机构与中小学建立协作伙伴关系，采用行动研究的方式开展教师培训工作。总而言之，"国培计划"的培训项目不是越多越好，而是越透越好，"国培计划"可以基于实际将内容进行精简，项目更精细化，以便不浪费投入、白耗资源，确保在最小投入的前提下获得效益的最大化。

（三）专业化：基于标准进一步凸显教师培训专业化特性

2012 年 2 月 10 日，教育部颁布的《教师专业标准》是国家对中小学（幼儿园）合格教师专业素质的基本要求，也是教师培养、准入、培训、考核等工作的重要依据。同年 5 月 17 日，教育部根据幼儿园教师、中小学教师的《专业标准》和国家相关规定制定并颁布了《"国培计划"课程标准（试行）》。《"国培计划"课程标准（试行）》的颁布与实施、是"国培计划"对我国教师培训创新性贡献的一个突出表现，规范了教师培训内容，为科学评价"国培计划"的质量提供了重要依据，体现了国家对不同学科的中小学教师、幼儿园教师在师德与专业理念、专业知识、专业能力等方面的基本要求。由此可见，"专业"理念已经成为了教师培训的核心，"国培计划"的专业化必定是今后发展的一个重要趋向。

1. 基于标准开展培训，促使教师培训走向专业化

教师培训是帮助教师的专业活动，而不是简单的"上课"或"办班"。教师培训要明确五个里程碑式的关键环节，即培训需求分析、培训方案设

计、培训资源开发、培训活动实施、培训绩效评估，并要明确在不同环节中所要解决的问题。培训谁？"谁"要什么样的培训？培训主题是什么？培训需要达到具体目标是什么？通过什么课程计划和路径达到目标？谁培训？如何计划、组织、控制？如何培训？如何进行培训质量过程监测？如何评估培训效果？的确，教师培训工作对培训机构和培训者来说都是一项专业性极强的工作。既然教师培训是一项专业工作，那么就必须遵循一定的专业标准。国家颁布的《教师专业标准》是合格教师的底线，这些标准与现实教师实际状况的差距，是教师培训的"最近发展区"，也是我们制定培训的标准。因此，今后无论是"国培计划"还是其他的教师培训，都必须依据《教师专业标准》来开展培训，以标准组织培训需求调研，以标准设计培训方案，以标准确定培训课程，以标准组织实施培训，以标准开展效果反馈等，将标准贯穿于整个培训当中。只有这样，培训才更具实效，才更有价值，才能更好地达到培训目标，进而更好地促进教师的成长与发展。

当然，由于个体差异以及区域发展不平衡等客观因素的存在和限制，我们不能把专业标准当作标尺来丈量培训，否则会对其造成伤害，应根据实际情况，适宜、适地、适人加以改造和利用，切实提升培训质量。不仅如此，还应该积极建立制度化的国家教师培训标准，例如制定并实施教师培训课程标准、教师培训机构认证标准、教师培训质量评估标准等，以规范的教师培训标准来推行教师培训，促使教师培训越来越专业化和标准化。

2. 建立专业化的培训者队伍，优化培训师资团队

教师培训是一项专业活动，教师培训者是专业工作者，而不是由教育教学专家、学科专家、优秀中小学教师组织起来的临时队伍，应是由他们中选拔出来的经过专业培训而成长起来的培训师。以针对性和实效性为质量特征的教师培训工作，呼唤着教师培训专业化，由此要求教师培训者逐渐实现向教师培训师的角色转化：从兼职到专职、从专门到专业、从人物单一型到任务多重型。由此可见，专业化的培训就是专业的人去做专业的事。教师培训的专业化离不开一支高素质、专业化的培训工作者，作为肩负教师培训重任的培训者，他们观念、知识、技能的补充、更新、拓展和提高，不仅关系到一线教师培训的质量和效益，而且也关系到中国教育的进步与发展。培训者是教师培训的关键因素，培训者的教学理念与素质直接影响到培训工作的效果，因此，作为教师的教师，培训者更应该向专业化方面迈进。虽然"国培计划"对我国传统的教师培训进行了变革，对培训专家队伍的来源与构成进行了客观的规定和要求,但是,很多培训机构的培训者队伍却存在着专业化水平较低且参差不齐等问题。因此,今后应特别注重对培训者的培训和师资队伍的建设,提高培训者的水平,以便更好地胜任教师培训工作,提高培训实效。

具体可以采取"管、办、评"联动的方法来促进教师培训专业化和教师队伍建设。"管"就是教育行政部门对教师培训的管理侧重于政策设计、服务平台建设、经费保障和督导监管等;"办"就要教师培训机构要真正确立办学主体地位,自主办学;"评"是指第三方评估机构对"管"和"办"的绩效进行评价。同时,培训者作为教师的教师,要引领教师专业发展,还必须在教师培训工作的变革与发展上有所作为,自身不仅要不断地学习和提高,而且还要从仅仅关注教师学习情况,转变为更广意义上注重教师学习和知识的创造与共享。

(四)系统化:总体规划教师培训保障其健康有序发展

虽然"国培计划"已经实施多年了,但是专业化水平仍然比较低,缺乏系统性,存在前期调研空洞、浮泛,重申报、轻落实,管理不到位、缺乏后续跟踪等问题,往往是为了培训而培训,为了完成任务而完成任务,弄得教师抱怨,学校牢骚,钱花了,而培训的实效性却大打折扣。"国培计划"在今后的发展过程中应进一步加强整体规划,使其有条不紊、健康有序地发展,走向"系统化"。"国培计划"要走向系统化就必须关注"两头",强化"国培计划",应"强化中间"。所谓关注"两头",就是对培训开始前和培训结束后要给予充分关注,在培训开始前,要与参训教师进行有效地沟通并做好充分的准备,不仅要意识到成人学习的特性和做好培训的需求调研,而且还要有效地反映在培训的内容和过程当中。在培训结束后,要强化后续的跟踪服务,多方举措,继续给参训教师提供帮助和支持。所谓"强化中间",就是要加强培训的过程监管,落实培训实效。唯有如此,才能促使"国培计划"向科学性与系统性方向发展。

1. 注重培训需求调研,合理设计培训方案

越是扎根于教师内在需求的培训越有效,越是扎根于教师鲜活经验的培训越有效,越是扎根于教师实践反思的培训越有效。"国培计划"在培训理念上坚持按需施训的创新性变革使得"国培计划"明显有别于传统的教师培训,不仅创新了教师培训,还保证了培训的针对性和有效性,提高了

培训质量。因此，按需施训这一理念在今后"国培计划"的实施过程以及其他各级各类教师培训当中都应该得到充分的应用和有效地体现。基于需求的教师培训应从三个方面去理解和把握：一是教师的实际需求。教师是教师培训的主体，教师培训应从教师的需求出发，按需培训。这样的培训才能激发教师学习的兴趣，让教师学有所得，学有所获。当然，教师的实际需求可能是有教育价值的，也可能是没有教育价值的，因此，不能盲从于教师的实际需求，要有所鉴别和选择。二是时代的需求。时代的发展和科技的进步会对教育提出新的要求，例如，信息技术的发展不仅要求教师掌握新的科学技术，还要求将信息技术与教育有效地融合在一起，促进教育的信息化，所以，信息技术的掌握就应该转换成教师的培训需求。三是国家或地方教育行政部门的要求，如国家新颁布的课程标准、社会主义核心价值观等，这些要求也应该转化为教师的培训需求。教师培训应从国家或地方教育行政部门对教师提出的要求、从教师在实际工作中面临的问题和困惑以及社会的发展要求等几个方面去分析教师的应然需求和实然需求、长远需求和当下需求、共性需求和个性需求、显性需求和隐性需求，并从教师学习需求的多种情况来精心设计和实施，使教师培训既能够帮助参训教师解决工作中面临的实际问题，又能够引领参训教师可持续发展，促进参训教师的专业成长。

注重培训需求调研，强调按需施训，最终要体现在培训的方案上和培训的过程当中。所以，要以教师需求的充分了解和把握为基础，精心设计培训方案并有效地融合在培训的各个环节当中。但是，培训方案制定出来之后并不是一成不变的，而是要反馈给参训教师和培训专家，让他们提出修改的意见和建议，再有机地地整合到培训方案当中，不断地进行完善。

2. 遵循成人学习特性，切实提升培训质量

从成人学习理论中得知，成人学习与儿童学习存在很大差异，它是一种自我导向的学习、转化导向的学习、体验导向的学习、问题导向的学习、经验导向的学习、合作导向的学习、案例导向的学习和反思导向的学习。有效地教师培训要遵循教师作为成人学习者的特性来组织和实施，只有这样才能取得好的培训效果，才能达到预期的培训目标。"国培计划"在今后的实施过程中，要遵循成人学习的自主性和独立性，在培训内容的设计上要满足参训教师个性化的学习需求，在培训方式上要注重启发诱导和合作学习，在培训时间的安排上也要符合参训教师时间较紧的实际情况，突出教师作为成人学习者的特性，真正使教师成为培训的主体，使所开展的培训成为参训教师适用、会用及应用的培训，提高培训实效，让培训真正造福中小学教育。因为参训教师是非常重要的培训资源，所以在培训过程中要充分利用参训教师这一资源，积极调动参训教师学习的积极性和主动性，使参训教师真正成为培训的参与者和学习者，以便在交流研讨中反思，在反思中提高，带着问题来，变换角色听，取得真经回。教师培训的核心问题就是怎样使成人能真正地发生学习行为，即培训在于关注教师思维方式的转变，关注教师在问题情境中获得真实的体验，关注教师如何看清问题，使问题清晰化，从而有效地解决问题。可以根据不同的研修对象、不同的研修要求、不同的研修目标，设计不同的培训内容，运用专题讲座、现场学习、经验分享、日志反思等多种适合成人学习特性而又行之有效地培训方式，同时增加网络研修和后期网络研修指导，使参训教师不光在集中培训的时间里处于共同研讨，相互学习的状态，而且在回到工作岗位以后也能将学习热情延续下去，从而真正地使培训不仅能够帮助参训教师获得知识和能力，而且还能够有效地促进参训教师培训后行为的发生与改变，更好地发挥辐射带动的作用，扩大培训的效益及影响力。

3. 完善过程监管制度，营造良好的学习氛围

作为国家级培训，"国培计划"的组织管理一定要在统筹协调的基础上向制度化和标准化迈进。为保证"国培计划"落到实处，国家应建立和完善"国培计划"项目实施听证制度、意见征集与反馈制度，进一步提高"国培计划"规范化、透明化程度。而具体负责"国培计划"的教育行政部门可以成立项目管理办公室来加强对项目的过程监管与评估。从项目实施之初就对所有具体项目进行跟踪监测，研究设立项目评估的输入指标、过程指标和结果指标，不间断地采集数据、收集资料，将监测结果及时向项目办公室报告，并及时向培训机构作出反馈。对培训过程加强监管与评估，不仅在于了解和把握培训的结果与效果，更在于不断调节和改进培训活动。"国培计划"承担院校可以专门成立一个"国培计划"项目领导小组，制定相应的培训活动管理办法，对参训教师参与学习活动、出勤、产出的学习成果等进行严格的管理和监控，并对日常的培训活动及时给予指导和监测，以此来落实培训实效，提高培训质量。具体管理过程可以实行"项目负责人与双班主任管理制度"，项目负责人由具体的学科负责人担任，而两位班主任一位负责行政性日常事务，另一位负责教学事务。在培训期间，项目负责人指导两位班主任的工作，并及时与班主任进行沟通与协调，两位班主任则遵循"相对分工，绝对合作"的宗旨，确保培训活动紧密衔接和有序开展。同时，应积极利用学员这一独特资源，充分调动学员的

参与性和积极性，让学员有效地融入培训的管理当中。来自学员当中的管理人员，更切合班级实际和学员需求，便于开展班级管理工作，提高了管理实效。为缓解学员疲劳，增强学习效果，有条件的承训院校还可以在保证安全和条件允许的前提下适当开展一些别具特色的文体活动，活跃学习氛围，丰富业余生活，促进心灵沟通，增加培训活力。通过这些人性化的活动，使刚性的规章制度与人性化的关怀很好地结合起来，保证培训活动的有序运作和高效完成，真正使培训成为参训教师不断实现专业成长的"助推器"。

4. 注重多方举措，强化培训后期的跟踪指导

"国培计划"只是给参训教师提供短暂的学习机会，教学理念和教学行为的真正改进尚需要培训前中后成果的探索实践，尚需培训前中后问题的碰撞解决，尚需培训前中后系统的追踪指导。"国培计划"要有序开展，走向系统化，需要培训前中后的有效配合和相互协作，形成一套良性的运行机制和有机地统一整体，即培训要基于培训对象的特性，在培训前注重需求调研，在培训中加强过程监管，在培训后强化后续指导。"国培计划"在评价体系上对传统的教师培训进行了改革与创新，非常注重训后的跟踪指导，并把训后的跟踪指导作为绩效考评的重要标准和依据，在评价体系上表现出即时评价与后续评价纵向统一的新特点。训后跟踪指导是发现问题和改进培训策略的重要手段，也是提升教师培训质量和促进参训教师专业发展的有效途径。所以，"国培计划"应继续保持和发扬自身的创新特色，加强训后的跟踪指导环节。针对培训前中后不同阶段，围绕培训学员、授课专家、项目组等不同对象，依托教学、科研、教研等形式，搭建电话、网络、实地等平台，联合承训单位、当地教育部门、学员所在单位等力量，建立科学化、系统化、个性化以及实效化的追踪指导机制，最大限度地助推"国培计划"的质量提升，确保"国培计划"的长效影响，真正让广大中小学教师受益于"国培计划"，成长于"国培计划"。不仅如此，训后跟踪指导要有专人和专项经费作为条件保障。培训机构应成立"国培计划"项目跟踪指导工作组，明确专人负责此项工作，对每一个"国培计划"项目做出训后跟踪指导工作计划，并赋予相关教师明确的跟踪指导任务。与此同时，对每个"国培计划"项目做出训后跟踪指导专项用款计划，在培训经费预算中切割一块作为经费保障。如海南在制定"国培计划"时，预先做好训后跟踪方案，并留出训后跟踪的经费。这样就在一定程度上解决了"国培计划"训后跟踪指导管理不到位和专项经费欠缺的问题，为训后跟踪指导创造了良好条件，促进了培训的科学性和完整性，提升了培训质量，扩大了培训的辐射力和影响力。

（五）一体化：促进职前培养与职后培训的有机整合

当前，我国教师教育由两大部分构成，即职前培养和在职培训，是一种培养和培训分立的教师教育。这样不仅不利于教师的专业成长，而且还严重影响了我国教师教育的发展。教师培训并不是孤立、单一的，它与教师的职前培养和职后发展有着密切关联，存在着内容的联系性、机构的协调性以及发展的可持续性。鉴于此，"国培计划"应有效地推动教师培训综合改革，整合多方资源，促使教师职前培养与职后培训一体化，从而真正提高教师教育的质量和水平。

1. 采用倒逼式教师教育改进路径，促进职前培养与职后培训一体化

教师教育包括教师的职前培养和职后培训两个方面，职前教育为职后培训奠定基础，职后培训又反作用于职前教育，二者相辅相成。倒逼式教师教育改进路径就是以教师的职后培训来反哺教师的职前培养，将二者有机结合起来，实现二者的相互协调与统一。"国培计划"以实施好基础教育新课程为主要内容，以满足教师专业发展的需求为主要目标，积极变革传统培训模式，推行置换脱产研修模式，增强了高校与基础教育的紧密联系，促进了师范生培养模式的改革，对教师教育职前职后一体化起到积极作用，实现了二者的双赢。目前一些深受"国培计划"影响的师范院校，已经开始酝酿其师范生职前培养模式改革，着力于教师职后培训体系的建设，研究如何将这两部分融为一个有机整体，科学、高效地推进教师教育改革。如云南师范大学将在对学校教师教育管理体制和机制、学科发展、专业建设、队伍结构、实训基地设置、信息资源配置等方面进行大的调整改革，致力于构建职前职后一体化的教师教育体系，使之更符合当代教师教育发展的形势和要求。不仅如此，也可以建立开放协同的教师培训新体制，按照职前职后一体化的思路，建立支持教师终身教育和发展的新模式。总而言之，从"国培计划"对我国教师培训的创新性贡献中可以看出，采取倒逼式教师教育改进路径来促进职前培养与职后培训一体化是一条有效地途径，打破了教师培养和培训分立的格局，对教师教育改革具有重要的指导价值和借鉴意义。

2. 推行综合改革，实现职前培养与职后培训的相互统一和共同提升

为了示范引领各地教师培训改革，加大教师培训方式的创新力度，破解"国培计划"在实施过程中遇到的重点难点问题，2014年，"国培计划"试行了示范性综合改革项目。实施综合改革项目是推动"国培计划"和教师培训综合改革的一项示范性举措，旨在探索符合教师专业发展规律，满足教师不同发展阶段需求的持续性培训，推进跨年度递进式培训，推行混合式培训模式，推动项目管理的协同创新，探索建立骨干教师常态化培训机制。职前职后一体化实质上应该是人力与课程资源的一体化，使人力和课程资源相得益彰，相互促进。所以，"国培计划"在今后的实施过程中，应以"国培计划"推进示范性综合改革项目为契机，切实改进培训课程，创新培训模式，优化培训的人力资源，推行"国培计划"综合改革，破解影响职前培养与职后培训的重点难点问题，促进职前培养与职后培训的一体化，实现二者的相互统一。培训院校的教师不仅要投入到职前教师的培训中，还应该积极参与到职后教师的培训当中，有效把握二者的区别与联系，将二者有机地结合起来，以此来推动教师教育的改革与创新，实现二者的相互统一和共同进步。另外，培训的课程应是对职前培养课程的继承和发展，是对职前培养课程的一种螺旋式上升，也是对教育教学实际问题的反映。为此，教师培训的内容要根据教师发展的内在规律和教育教学当中所面临的实际问题，系统设计递进式培训课程，满足教师不同阶段的需求，促进教师持续发展。以人力与课程资源的一体化来促进职前培养和职后培训的一体化，推动教师教育的改革与创新，不仅是今后"国培计划"的一个发展方向，更是以后我国教师培训所努力追求的一个目标。除此之外，"国培计划"还应该积极探索"政府+高校+教师进修院校+中小学"联合培养教师的新模式，推动职前培养与职后培训的深度融合，切实把我国教师教育的质量提升到一个新的水平。

综上所述，"国培计划"是一项系统工程，需要用专业去设计，用整体去规划，用心去管理，用情去经营，用责任去落实，并结合实际不断地进行改革与创新，不断地进行完善与发展。唯有这样才能更好地促进"国培计划"的持续发展和教师培训质量的不断提高，才能引领各地中小学教师全员常规培训迈向一个新的台阶，进而才能有效地推动我国教育事业的蓬勃发展。

第二节 "国培计划"的研究综述

一、国外研究综述

国外对职业院校培训及继续教育方面的研究，既有阐述其培训开展的，也有对其他国家的教师在培训的现状、模式、政策等进行比较的探讨分析，在这些研究中，不同的国家，在教师培训方面的优点或特色对完善我国的教师培训有一定的借鉴。这类的相应研究较为多一些。

例如，陈跃红对美英等发达国家的继续教育的共同发展特色进行研究，得出美英教师的继续教育方针多样化的趋向，提出继续教育模式应该呈现多样化和培训内容应灵活化；提倡我国的继续教育改革与发展应改变培训的传统模式；并在文章最后提出四点启示。[①]张国胜的文章通过对国外在职教师培训的发展趋势的学习和研究，对我国教师培训的启示是要加快相关的立法建设，并且要注意转变思想观念，不断提高参训教师对继续教育的深刻认识，要注重教师的专业发展及其教育教学能力等作为培训内容。[②]刘健智等人经过对近10年来几个国家，教师专业化的成长近况进行深入的探讨，通过一些对比，结果发现，它们的教师专业化，主要是体现在有强有力的法制保障、有专业的教师培训的组织；职前职后的专业能力较一体化等，并且还总结出这五个国家的教师专业化发展主要是通过对教师的职前培养、入职帮助以及在职进修等途径进行。[③]郭沛的论文主要是对英国的校本培训进行具体的探究，表明英国的校本培训是在以本土的学校作为培训基地，注重对学校及教师的实际需求，加强对教师教育教学实践以及专业的教学能力的培养，共同来促进职业院校的专业化发展；对我国的启迪是：应重视加强对职业院校的在职培训，大力开展校本培训，不断提高其专业化。[④]韩娟在她的论文中，主要是从加强对教师培训的法律方面的相应的保障、经费支持、相关机制建设、具体实践、以及监督评价去分析英国职业院校培训的质量保障机制，认为应该不断完善在职培训法制体系、建立相应的教师资格认证的制度、注重对教师培训成效的监督评估、适当转变培训承担单位与中小学校的合作方式。[⑤]

汪晓琳等学者，在其文章中对国内外的教师继续教育的模式进行了探讨，提到，美国是以不离职或者是短时间的离职来进行继续教育的，使用的课程形式也较为多样，主要安排有间断的课程培训、连续性的课程培训、

[①] 跃红. 美英教师继续教育的发展探析及启示[J]. 继续教育研究，2009（9）：15-16.

[②] 张国胜. 国外教师在职培训发展的趋势对我国教师继续教育的启示[J]. 继续教育研究，2005（2）：69-71.

[③] 刘健智，李兰. 近十年来美英法日澳教师专业化发展状况[J]. 中国高教研究，2010（9）：33-36.

[④] 郭沛. 英国校本培训对我国教师培训的启示[J]. 继续教育研究，2010（4）：101-103.

[⑤] 韩娟. 英国中小学教师在职培训质量保障机制研究[D]. 开封：河南大学，2014.

高学历参训者的课程以及进行巡回的课程等七大类型，其开展继续教育的效率比较高。而俄罗斯则是要先依照参加继续教育的教师们的不同层次和不同的级别来区别设置不同类别的课程，其进修的形式有离职学习、函授与集中学习以及广播电视教育等培训形式。然而，日本主要采用了远程培训的模式来开展教师培训工作，这也成为日本继续教育中的一大特色。韩国则是注重从提高教师自身的教学能力来进行培训，重视对参加培训的教师们的实际教育教学综合能力方面的培育与倡导"以校为本"培训模式。[①]

李丽的论文主要对美国、日本等国的体育教师培训的特色、目标，以及课程设置、培训评价等特点进行比较分析。最终得出美国比较重视对体育教师的职后进修培训，并且主要以提高参训教师的教育素质及其学术水平为培训目标。相关培训人员来一起讨论拟定培训的方案、内容、过程开展等方面，采用讨论的形式来培训其专业知识与教学的能力等。日本在教师培训上比较重视对参训需求的调研以及相关立法建设，为参加培训的教师创造良好的学习生活条件，并设有"提高教师质量的联络会议"，这是其独特所在。[②]余卫平、刘雪勇通过比较研究，结果发现，当前国际上美、俄两国的在职技术人员的继续教育的培训模式比较盛行，美国主要是以高等院校大学、各种专业的培训基地，还有一些专业的培训团体作为在职教育的培训的基地，而俄罗斯则是主要以一些专门的高等进修学院为基地，来进行定期的轮流培训。[③]

综上所述，国外对职业院校的继续教育及教师的不同时期的培训等都比较重视，并给予立法及制度方面大力支持与保障。学者们的研究范围主要包括对教师继续教育相关的法律政策的制定实施、教师培训的保障机制，以及具体实践等方面。因此，我国在教师继续教育这方面应不断吸取发达国家的先进经验，取其精华去其糟粕，不断完善我国教师继续教育的相关政策法规进一步重视，加强对中小学各学科教师的继续教育，大力开展在职培训。

二、国内研究现状

在"国培计划"如火如荼的开展中，国家对基础教育的教师的继续教育及

---

① 汪晓琳，王霞玲，姚化平. 对中外体育教师继续教育模式的研究——兼谈在职学校本位模式之不足[J]. 浙江体育科学，2002（6）：11-14.

② 李丽. 中日美等国中小学体育教师培养模式比较研究[J]. 武汉体育学院学报，2006（1）：77-80.

③ 余卫平，刘雪勇. 从美俄继续教育现状探讨我国体育教师继续教育模式[J]. 体育学刊，2000（5）：123-125.

教师在职培训也越来越重视。我国学者们对"国培计划"下的教师培训的相关内容进行了理论与实践方面的研究，为"国培计划"的顺利进行以及教师的专业发展，不断提高他们的整体素质提供一定的参考。下面将对相关的一些主要参考文献资料进行整理及归纳，从以下几方面来进行综述：

（一）关于"国培计划"背景下职业院校在培训方面的研究

自提出"国培计划"，到它实施以来，许多学者又开始关注职业院校培训，并加强对中西部职业院校培训方面的研究。由于"国培计划"培训项目较多，学者们从不同培训项目，分学科进行研究，研究成果较丰硕，研究关注的层面各有不同，但整理归类这些研究成果，发现主要是围绕以下几方面来进行：

1. 有关教师培训现状及对策方面的研究

"国培计划"开展过程中，各地市的开展现状如何，对今后该项目的可持续发展具有一定借鉴。所以，有必要对各地区的"国培计划"的现状进行对应的调查分析，为此后该项目的不断发展指明努力的方向。

有的学者在其发布的论文中，经过发放调查问卷并进行分析后，发现教师培训的过程中还存在所在学校的领导不重视、参训教师培训的机会不均等、培训内容与教师参训的实际需求有差距、缺乏对培训后续的指导等一系列问题，并针对以上这些情况提出要在培训的管理体制上不断完善健全；注重对培训前，他们的参训需求的调查研究，安排好培训课程；培训形式多元化以及完善培训后的跟踪指导服务等。[①]

李克军的《对提高"国培计划"实施水平的几点建议》一文中指出，要从加强对培训者的认识、培训课程的选择设计、各培训资源的整合以及培训过程的各项管理等方面来不断提高"国培计划"各培训项目的实施。[②]张晨曦的硕士论文，主要是针对当前职业院校培训中存在的一些急需解决的问题，从培训经费的落实、培训目标确立、培训的不同角度、培训团队的选择以及培训后的跟踪评估等方面提出了相对应的具体对策。[③]

2. 关于教师培训模式方面的研究

对"国培计划"下职业院校培训模式，也有较多的学者进行了此方面

---

① 张俊丽.河北省"国培计划"现状调查与分析[D].石家庄：河北师范大学，2012.
② 李克军.对提高"国培计划"实施水平的几点建议[J].教育探索，2013（5）：70-71.
③ 张晨曦."国培计划"背景下中小学教师有效性培训策略研究[D].新乡：河南师范大学，2014.

的研究。比如，付明忠在其《"国培计划"视域下的职业院校培训》一文中指出，不同地区、不同学校应注重探索适合自身发展的具有特色的教师培训新模式，并提出可以尝试将"校本培训"这一个性化模式与"国培计划"进行有机地联系，使得职业院校培训工作能更好地向前迈进。[①]

任青华的研究是对河南省的职业院校培训模式（置换脱产研修项目），进行的探讨，其在文中创造性地提出了"需求"导向一体化、"行动学习"为核心的培训模式、以及"自助餐"式的培训模式、"校本培训"和"国培"相结合的双管模式等教师培训模式的改进和优化策略。[②]袁凤琴等人发表的一篇文章中，提出了特有的"三突出"培训模式，即突出培训内容的系统化、突出对培训过程的监管、突出对教学及服务的加强。[③]李源田等人，针对职业院校在培训过程中的不足之处，从教师专业发展实际出发，提出了教师培训的重庆市"四阶段"的培训模式，即"相关理论方面的研究培训、影子教师的跟踪研训、教育教学反思的培训，以及对实践教学能力的培训研究"。[④]

靳蓬的文章结合河北师范大学"国培计划"的实践，对培训资金进行研究分析，最后构建和完善了六维度教师培训新模式，即全面掌握学员特点与需求、精准拟定培训方案、设置的培训内容要切合实际、严格挑选培训师资、建立培训实践基地、密切保持后续跟踪。[⑤]

由此可以看出，学者们对教师培训模式的探讨研究较为丰富，且比较全面。他们希望通过不断创新教师培训模式，使我国的教师培训走向更好地未来，得到不断的发展。

3. 关于教师培训目标方面的研究

教师培训目标是根据希望培训过程中所要达到的预期成果和对培训的质量做出的要求和设想。拟定的培训目标如何会对培训质量的完成有很大的影响。因此，对教师培训目标进行科学系统的研究就显得非常有必要。

---

① 付明忠. "国培计划"视域下的中小学体育教师培训[J]. 教学与管理，2013：62-64.
② 王北生，任青华. "国培计划"教师培训模式的优化及创新[J]. 中国教育学刊，2014（09）：91-93.
③ 袁凤琴，袁真强. "国培计划"培训模式的构建[J]. 贵州师范学院学报，2011（5）：76-78.
④ 李源田，王正青. "四阶段"教师培训模式设计与实践——以重庆市组织实施"国培计划"为例[J]. 中国教育学刊，2012（1）：71-74.
⑤ 靳蓬. "国培计划"教师培训项目探索与反思——结合河北师范大学近四年"国培计划"项目[J]. 河北师范大学学报，2014（5）：133-138.

况红在其《有效实施"国培计划"的实践与思考》一文中指出，要在注重教师专业发展的实际需求上来确立培训的具体目标，提出"一重点、二转化、三完成"的最终培训的目标。之后，在进行培训各方面的筹划、培训内容的选择等都应该围绕着培训目标来进行。[①]余新对教师培训（"国培计划"）的七个基本问题进行了解释并加以分析，认为在制定培训目标时需要注意，目标的陈述要具体、目标应该可进行评估、目标还应容易实现。[②]

4．关于教师的培训质量保障的研究

"国培"的大力展开，能更为直接且较为有效地促进我国职业院校培训工作的开展。而教师培训的质量作为教师培训的核心部分，具有相当重要的地位。因此，研究探讨义务教育阶段的教师培训质量将具有一定的现实意义。

胡艳的论文主要探讨了我国职业院校培训质量各方面的影响因素，提出需对教师培训的培训方案、培训目标、培训内容和形式、培训师资等方面进行认真设计规划，进行科学的筹划和统一管理，不断确保教师培训质量的提高。[③]

《延安市职业院校培训绩效调查与质量保障探索》提出要注重培训形式多样化；完善其保障体系，严格选拔培训师资团队、增加各科教师的培训机会，且要合理安排培训的时间、建设有专门的开展教师培训的基地、注重健全并不断完善对教师培训管理上的体制。[④]汪茹的文章，经过调查分析培训过程中问题的原因，提出要认真调研参训需求，注重对教师进行按需施培；开设有地方特色的培训课程；变换培训的方式方法；加强对培训的后续的跟进。[⑤]

周德锋的论文中提到要认真进行对中小学的教师培训需求的调研分析，根据培训需求来精心地选取培训的课程，还要不断地创新教师培训的各种形式，遴选优秀且专业的培训师资团队，最后提出要不断完善其过程的各

① 况红.有效实施"国培计划"的实践与思考[J].继续教育研究，2011（11）：113-115.

② 余新.有效教师培训的七个关键环节[J].教育研究，2010（2）：77-83.

③ 胡艳.影响我国当前中小学教师培训质量的因素分析[J].教师教育研究，2004，16（6）：18-22.

④ 任燕.延安市中小学教师培训绩效调查与质量保障探索[D].延安：延安大学，2012.

⑤ 汪茹.新一轮中小学教师培训质量保障的问题与对策[J].当代继续教育 2013（175）：36-38.

方面的管理，通过这些路径来提高培训的质量。①张娜的硕士学位论文以重庆市为个案对"国培计划"的质量评估情况进行了调查分析，指出其质量评估存在的一些问题，并从宏观层面提出了几项具体改进的措施：即提高教师培训的专业评估能力；开展一些深层的综合评估；形成长期有效地鼓励反馈的机制。②

蒋馨岚发表的论文，提到了职业院校培训质量保障应该包括：生源的质量保障、培训的教学质量保障、教师培训的经费保障、相关管理制度保障这四个方面。③张玲的文章主要反思了现在教师培训的一些问题，运用著名的全面质量管理的相关思想，将教师的培训过程划分为成四个阶段，包括了对培训先进行整体的规划，然后根据这个规划进行相应的组织，接着在实施过程中不断地进行核查，最后要加强对其开展过程中及培训结束时的科学统一的管理，具体的包括了八个不同环节。整个教师培训都要按"四阶段八环节"来一步一步开展。④张寅清等提出，新世纪我国应加强对继续教育的法制体系的创立；建立相关的各项资格认定方面的制度；创造完善的竞争机制，建好基地培训；建立相应的市场运行的机制等。⑤胡平凡等认为通过实践来保障教师继续教育的各质量体系能发挥各自的作用，形成一股合力，确保教师继续教育的不断发展。⑥

薛海平等作者的论文提到当前我国的职业院校培训质量不怎么乐观，主要是存在以下问题：对培训前的需求调研不怎么重视，教师培训安排的内容与他们的切身需求不相干；在培训形式上以传统的授课为主，没有创新，教师参与培训的积极性较低等。并提出了对应的四点具体可行的对策。⑦

虽然有学者研究"国培计划"教师培训质量保障这方面，但主要围绕其质量保障机制、质量保障体系以及质量保障问题与对策等方面进行研究，中西部的小学体育骨干教师培训质量保障这一块的文章较少，因此，创新之处还在于

① 周德锋.提高"国培计划"项目教育质量的路径探析[J].继续教育研究，2013（8）：73-74.

② 张娜.中小学教师国家级培训质量评估的理论与实践研究——以重庆市2010"国培计划"培训项目为个案[D].重庆：西南大学，2012.

③ 蒋馨岚.实施"中小学教师国家级培训计划"的思考[J].中国成人教育，2011：55-57.

④ 张玲.农村初中英语教师新课程培训的问题及对策探讨——以怀化学院"国培计划"中西部农村英语骨干教师培训项目为例[J].怀化学院学报，2012(3)：71-73.

⑤ 张寅清，曾青云.21世纪教师继续教育发展与质量保障体系[J].继续教育研究，2003（5）：9-12.

⑥ 胡平凡，林必武.教师继续教育质量保障体系的构成[J].教育评论，2004，（4）：51-54.

⑦ 薛海平，陈向明.我国中小学教师培训质量调查研究[J].教育科学，2012，（6）：53-57.

所研究的对象比较新颖。关注体育这个边缘学科的教师培训质量这一方面，为不断加强并提高小学体育教师的整体素质而努力。

（二）关于"国培计划"下中小学体育教师培训方面的研究

随着教师继续教育事业以及职业院校队伍的专业化加强，基础教育的教师培训也受到了越来越多人们的关注。而教师培训质量作为其生命线，已然成为学者们探讨研究的热门课题之一。国内学者对"国培计划"下中小学体育教师培训方面的研究也层出不穷，他们从不同的研究视角出发进行探讨，综合比较分析这些成果，发现主要是从以下几方面展开论述：

1. 有关体育教师培训的现状及对策的研究

在"国培计划"的背景下，学者们对中小学骨干教师的培训现状及其对策方面的研究比较多，而对体育学科这方面的研究也比较多，主要是对各地区"国培计划"的实施现状并针对这一现状提出相应对策等进行相关研究。例如，党玮玺等发表的论文表明，中小学的教师培训（以甘肃省为例）主要在一开始的组织方面就较为松散；组建培训团队较难；培训内容与实际需要存在矛盾。并建议通过加强各参与方的认识，来形成有效合力；确保参加培训教师们的主体地位化，不断地提高他们参训的主动性等。[1]周喜乐的论文主要从参训教师整体素质、教师培训过程中采用的形式、对参训学员的考核以及遴选等多方面分析了小学体育骨干教师在培训实施过程当中存在的一些问题；针对这些问题，教育部门的建议是要对教师培训方面有较强的责任感，并且进行有效地监督及严格的管理；要依据体育教学的现状进行合理筹划，注重对承担培训单位的综合培训能力的加强等。[2]左而非的硕士毕业论文（以湖南省初中骨干教师培训为例）是通过从多方面多角度对其开展的情况进行了问卷调查分析。并指出要做好这方面的不同宣传；使参训学员的单位领导能重视这一培训；在师资方面要加强成立专业的培训团队；完善培训的管理体制制度；还应该重视培训后的继续跟进

---

[1] 党玮玺，罗睿."国培计划"农村小学体育骨干教师培训问题与建议——以甘肃省2010"国培计划"农村小学体育教师短期集中培训为例[J].继续教育研究，2012（1）：113-116.
[2]周喜乐.吉林省农村小学体育骨干教师"国培计划"培训工作状况研究[D].北京：北京体育大学，2013.

指导等。[①]

付东等对体育科目国培班上的参训教师进行一些调查，发现目前在中小学体育师资和体育教学方面相对稳定，表现为体育教师参加大型正规培训的机会不多，且他们自身也存在一定的职业倦怠感等；提出重视培训的开展、各阶段与细节及"教学、教研、培训"三者相结合的一体的培训模式。[②]

以上这些学者，他们研究的出发点都各不相同，但均是基于各地区"国培计划"开展状况这一现实问题而进行的理论研究，旨在为不同地区的"国培计划"下体育教师的培训工作开展提供一定的理论参考。

2. 关于培训模式方面的研究

培训模式是为完成特定培训任务而进行的培训项目设计或培训方式方法的组合，培训模式可以体现培训目标，是提高培训质量的重要因素之一。通过查阅这方面的参考文献，结果发现，"国培计划"中教师培训的模式主要有三种，即在本校进行培训的模式、以参加培训的教师为中心的模式以及去高校进行统一培训的模式。

潘建芬在其论文提出要创新对体育教师培训的传统模式，凸显优质特色。具体地采用培训教师进行面授加上与参训学员进行互动并研讨的方式、每个专题的讲座配合参训教师在教学中存在的个案进行分析、对体育专业技能的培养与教育教学实践相联系等新颖的适合体育教师培训的模式，这样对提高培训实效很有帮助。[③]

陶文英就为了提高体育教师培训质量，提高培训的有效性，在其论文中提出了有特色的"五步培训法"，即把理论放在先导的位置、加强对教师的专业素质的提高、科研基础上能扎实稳进、对各种不同信息能进行纵深的拓展。[④]

3. 关于培训内容方面的综述

培训内容作为教师培训的焦点要素，学者们同样较为关注。如何安排

[①] 左而非.湖南省农村初中体育骨干教师"国培计划"实施调查与分析[D].吉首：吉首大学，2012.

[②] 付东，肖进勇.四川省农村中小学体育教师现状与培训策略[J].武汉体育学院学报2014（9）：90-93.

[③] 潘建芬.体育教师培训品研究[J].体育文化导刊，2010（12）：72-74.

[④] 陈曙，朱建伟，罗永华."国培计划"置换脱产研修项目的设计与实践——以湖南第一师范学院中小学体育教师培训方案为例[J].体育研究与教育，2013（6）：53-56.

又符合实际需要且有成效的、比较容易接受的培训课程，这就需要每一个承担教师培训的单位慎重选择适合当地的、能满足教师培训需求的培训内容。因此，这方面的文献资料也较多。

陈曙等从六个方面对湖南一师教师培训置换脱产项目的内容进行探讨，主要包括了五大模块的课程，并从中进行选择适合的培训内容来开展此项目培训。①王艳琼、鞠星经过问卷和访谈的调查分析，得出体育教师培训过程中，安排的培训课程缺少对教师的心理方面的知识；体育保健知识课程也缺少；缺乏"内堂课"的培训。最后对此现象提出了相应的改进建议。②

有一些学者还指出了承担培训的基地要依据参训者的实际年龄、其学历结构、综合教学能力水平等，进行有针对性的培训，尽力满足不同个体的参训需求，分门别类开设适合他们的课程。注意兼顾培训的宏观层面与微观层面。③

第三节 "国培计划"的政策梳理

"国培计划"体现了国家对教师教育的重视，尤其是对中西部教师素质提高的重视，是提升我国整体教育质量的关键国策。本书主要是对"国培计划"创新性贡献及其变革趋势的研究，所以对"国培计划"相关政策的梳理与分析就显得非常必要。如果缺乏对"国培计划"政策体系的探讨，那么研究也就成了无源之水、无本之木。自"国培计划"实施以来，教育部等部门颁布了一系列关于"国培计划"的政策文件，以确保"国培计划"顺利实施和达到预期的培训目标。本部分旨在对"国培计划"政策演进过程做一简单梳理，并在此基础上进行特征分析，以便对其有个整体的认识和把握。为了便于对"国培计划"的政策做全貌梳理，本研究把"国培计划"实施以来相关政策的发展过程分为四个阶段，分别是：初始阶段（2010－2011 年）、发展阶段（2012 年）、完善阶段（2013

---

① 陈曙，朱建伟，罗永华."国培计划"置换脱产研修项目的设计与实践——以湖南第一师范学院中小学体育教师培训方案为例[J]. 体育研究与教育，2013（6）：53-56.

② 王艳琼，鞠星. 广西"国培计划"体育教师培训课程的探讨[J]. 体育科技，2012（1）：129-131.

③ 郭富存，王彤. 我国中小学体育教师参加"国培计划"的研究述评[J]. 体育研究与教育（研究生论文专刊），2012（27）：52-54.

年）和变革提升阶段（2014 年）。通过对"国培计划"分年度、分阶段的政策考察与分析，以便把握"国培计划"每个阶段的主要特点，理清其发展脉络。

一、初始阶段（2010—2011 年）

2010 年 6 月 11 日，教育部和财政部联合颁布了《教育部、财政部关于实施"中小学教师国家级培训计划"的通知》。《通知》中对"国培计划"实施的原因、意义、任务和重点等做了全面介绍，从"精心筹划，精心组织""创新模式，务求实效""竞争择优，确保质量""整合力量，共享资源"四个方面对"国培计划"的实施做了总体要求和部署，同时也对"国培计划"培训项目的组织管理进行了明确规定。这一政策是"国培计划"实施的主要政策依据和行动指南，也为其顺利的开展奠定了基础。6 月 18 日，教育部颁布了《教育部办公厅关于遴选推荐"国培计划"专家库人选的通知》。《通知》指出：为保证"国培计划"项目评审评估工作的科学性和公正性，提高培训质量，教育部拟在各省（区、市）和有关单位推荐的基础上建立"国培计划"评审评估专家库和培训教学专家库。这一政策的出台为"国培计划"高层次和高质量的实施提供了良好的师资保障，也为我国培养一大批教师培训专家奠定了坚实的基础。同时，为了规范和加强"国培计划"项目管理工作，提高项目绩效，保证培训质量，教育部于 2010 年 7 月 16 日下发了《教育部办公厅关于加强"国培计划"项目绩效考评工作的意见》。《意见》对项目绩效考评的目标和原则、绩效考评的对象和主体、绩效考评的内容和方法、绩效考评的结果及应用进行了详细的规定和说明，以便实现"国培计划"绩效考评工作的科学化和规范化。同年 8 月，教育部又颁布了《教育部办公厅关于做好"国培计划"教师培训机构遴选工作的通知》。《通知》对"国培计划"培训机构遴选的总体要求、遴选条件和遴选程序做了明确的阐述和规定，确保了"国培计划"的高起点、高标准和高要求，体现了国家级培训水平。为进一步做好"国培计划"实施工作，促进教师培训优质资源的共建共享，教育部于 10 月 23 日颁布了《关于组织开展"国培计划"培训课程资源征集、遴选、推荐活动的通知》。《通知》对"国培计划"课程资源征集的范围、内容、类别、形式、程序及使用等做了详细的说明，以便引导和鼓励各地教育行政部门、教师培训机构和出版部门开发建设优质的培训课程资源，建设"国培计划"培训资源库，提高教师培训质量。

2011年5月24日，教育部和财政部联合颁布了《教育部办公厅、财政部办公厅关于做好2011年"中小学教师国家级培训计划"实施工作的通知》。《通知》从高度重视2011年"国培计划"实施工作、认真做好2011年项目实施方案的研制工作、进一步完善项目招投标机制、积极创新教师培训模式方法、注重优质培训资源的整合和利用、认真做好参训教师的选派和管理工作、优化项目资金配置和管理、切实做好组织领导和项目监管工作等八个方面对2011年"国培计划"的实施工作进行了规定和说明，以确保"国培计划"的有效实施，充分发挥"国培计划"的价值和作用，从而进一步推动我国中小学教师全员常规培训的开展。9月5日，教育部和财政部联合颁布了《教育部财政部关于实施幼儿教师国家级培训计划的通知》。《通知》强调要加强项目的组织领导，认真做好项目规划、方案研制、招投标、培训资源整合、经费管理和项目监督等各项工作，并对"幼师国培"的对象、培训项目以及组织实施进行了相关的规定和要求，以确保项目的顺利开展和实施的高质量。

这一阶段"国培计划"的政策涉及面比较多，跨度也比较大，门类也较多样。从2010年关于实施"国培计划"的《通知》、2011年实施"国培计划"的《通知》和2011年实施"幼师国培"的《通知》中可以看出，这两年政策的重点在于为有效地组织、实施和管理"国培计划"建立相关的规章制度，保证培训质量。同时，无论是教师培训机构及。"国培计划"专家库专家的遴选，还是有关"国培计划"项目绩效考评制度的出台等一系列政策，都体现了这一阶段"国培计划"政策的重点在于项目的整体规划和实施方案的精心研制，充分体现了顶层设计的特点。由此可见，这一阶段"国培计划"政策的特点为建章立制与顶层设计相结合。

二、发展阶段（2012年）

2012年5月17日，教育部和财政部联合颁布了《教育部办公厅、财政部办公厅关于做好2012年"国培计划"实施工作的通知》。《通知》从优化培训课程内容、做好参训学员的选派和管理工作、加强优质资源的整合以及规范项目管理四个方面给予了规定和要求，以便规范"国培计划"的项目管理，完善教师培训体系，提高培训质量。在该政策文件的指导和部署下，教育部还颁布了《关于组织"国培计划（2012）"——示范性集中培训项目邀标及报送参训学员工作的通知》、《关于组织"国培计划（2012）"——示范性远程培训项目邀标及报送参训学员工作的通知》以及《关于组织"国培计划（2012）"——示范性集中培训项目实施工作有关注意事项的通知》等一系列政策文件，以规范"国培计划"的实施和管理工作，确保培训质量。为进一步规范"国培计划"项目管理，提高培训质量，根据《教育部关于印发<幼儿园教师专业标准（试行）><小学教师专业标准（试行）>和<中学教师专业标准（试行）>的通知》和国家相关规定，根据不同类别、层次、岗位教师教育教学能力提升和专业发展的需求，教育部制定了《"国培计划"课程标准（试行）》（以下简称《标准》）。《标准》包括课程目标、建议课程内容、课程设置与实施建议三部分，另附主题式培训设计样例。它是按学科（领域）分学段、分项目设置，共计 67 个，用于指导"国培计划"——"示范性培训项目""中西部项目"及"幼师国培"的课程设置和"国培计划"课程资源的开发建设。从以上政策文件中可以看出，该阶段"国培计划"政策的明显特点，是规范其管理，确保培训质量。

三、完善阶段（2013 年）

为落实全国教师工作会议精神，进一步深化教师培训模式改革，全面提升培训质量，教育部和财政部于 2013 年 4 月 9 日联合颁布了《教育部办公厅、财政部办公厅关于做好 2013 年"国培计划"实施工作的通知》。《通知》从切实加强培训需求调研，做好培训规划设计、进一步加大实践性培训比重，切实提高教师教学技能、积极推动培训模式创新、严格项目规范管理和质量监控这四个方面对 2013 年"国培计划"项目实施工作进行了要求。在该《通知》的总体部署下，教育部还陆续颁布了一系列的政策文件，以便进一步精细"国培计划"项目管理，提升培训质量。例如，《关于组织"国培计划（2013）"——示范性集中培训项目参训学员选派工作的通知》《关于组织"国培计划（2013）"——示范性集中培训项目的通知》《关于遴选推荐"国培计划"专家库第三批人选的通知》，等等。同时，为贯彻落实《教育部关于深化中小学教师培训模式改革全面提升培训质量的指导意见》和《教育部关于实施全国中小学教师信息技术应用能力提升工程的意见》要求，指导各地开展网络研修与校本研修整合培训，深化教师培训模式改革，进一步提升培训质量，教育部还制定了《网络研修与校本研修整合培训实施指南》。实施网络研修与校本研修整合培训是为了依托教师网络研修社区，创新教师网络研修模式，建立校本研修常态化运行机制，夯实以校为本的教师全员培训基础，促进教师专业发展。从以上有关"国培计划"政策文件中可以看出，该阶段政策的重点在于进一步规范"国培计划"项目管理，倡导网络研修与校本研修的有效整合，突出教师培训模式改革，明显表现出教师培训模式改革与精细化管理并重的特点。

四、变革提升阶段（2014年）

2014年4月1日，教育部和财政部联合颁布了《教育部办公厅、财政部办公厅关于做好2014年"国培计划"实施工作的通知》。《通知》重点从认真做好培训调研、按需设置培训项目，推进综合改革、、破解难点重点问题，推进混合式培训，强化项目管理这四个方面对2014年"国培计划"项目实施工作进行了明确的规定和要求，以便提升培训的实效性，确保培训质量，进一步推动教师培训改革，充分发挥"国培计划"的示范引领作用。6月27日，教育部又颁布了《关于组织实施2014年"国培计划"——示范性综合改革项目的通知》。通知指出："2014年'国培计划'——示范性综合改革项目包括骨干教师能力提升高端研修（为期2年）和优秀青年教师成长助力研修（为期3年）两类项目。"示范性综合改革项目主要采取跨年度分阶段连续递进的方式开展培训，其中骨干教师能力提升高端研修项目实施时间为2014年7月至2016年6月，优秀青年教师成长助力研修项目实施时间为2014年7月至2017年6月。两类项目集中面授每年不少于15天（90学时），网络研修每年不少于80学时。示范性综合改革项目是推动"国培计划"和教师培训综合改革的一项示范性举措，旨在推进跨年度递进式培训，推行混合式培训模式，推动项目管理协同创新，建立骨干教师常态化培训机制。这一系列政策的出台，明显体现出该阶段"国培计划"政策的特点在于推行"国培计划"综合改革，优化项目管理体制，破解培训过程中遇到的重点难点问题，以便进一步提高培训的质量和水平。

总而言之，"国培计划"是政府主导，具有国家意志的教师培训行动，它是以项目的方式来推动中国教师培训的发展，因而政策的规范与引领是不可或缺的。通过对"国培计划"有关政策的梳理和分析可以发现，教育部等部门下发了很多有关"国培计划"的政策文件，这为"国培计划"的有效执行和规范运作奠定了基础，也为"国培计划"的顺利实施提供了政策性保障。同时，"国培计划"的政策也并非往年政策的简单重复，而是根据社会的发展需要和培训中存在的问题进行适时地调整与完善，不断总结执行过程中的经验，因而"国培计划"实施到今天已经取得了显著成效，推动了"国培计划"的顺利发展。

对"国培计划"政策的梳理和分析，不仅可以进一步掌握和厘清有关"国培计划"的政策，明晰"国培计划"的政策内容，把握每个阶段政策发展的特征，而且还可以为本研究提供一个科学、可靠的资料支撑和研究问题的切入点。

第二章 "国培计划"背景下教师培训工作

第一节 "国培计划"背景下教师培训工作的问题

教师培训需充分了解教师的职业需求，帮助参训教师明白自身不足，使其在不断进步和自我调节中确定自己的培训目标，转换角色实现教师到学生的转变，关注教师的个体发展，推动教师积极参与课堂活动，设置有效的培训课程，因材施教，合理安排授课时间，创造师生共同学习的氛围。

随着国家对教师在职培训越来越重视，国内兴起了许多有关教师培训的机构，这不仅推动了我国教师专业化水平的提升，也在一定程度上促进了我国教师队伍尤其是中小学师资素质的提高，以往出现的教师水平参差不齐和学历低的现象得到了很大调节。然而在取得这些相当大的进步的同时，这些培训中也有许多不合理存在，出现了投资大但收益低和一些项目培训效率不高的现象，这些现象就在一定程度上制约了教师培训的发展，也在一定程度上对实现教师有效性培训起到束缚作用。

一、课程设置不合理

教师在职培训的内容大致可以分为三个方面：首先是教师职业道德，教师是学生心灵的塑造师，教师的职业道德是其参与教学活动最基本的条件，它要求教师教学要以敬业爱岗为核心；其次是丰富教育教学理论；再次是提高专业知识和技能教育水平。教师培训需要针对不同的教育目的设置多种多样的培训内容，但就以往的教师培训来讲，其课程设置多以理论知识为侧重点，重理论轻实践，只是片面强调培训课程的基础性和系统性，但其培训内容有大半以上都不符合中小学教师教学的实际，缺乏针对性。我国的教师培训方式现在多以大规模的集中培训为主，课程设置则以讲授系统知识和教学技能及方法为主，并以观摩和参观为整个教师培训的辅助培训设施，但师生间的互动和具体的实践操作就相对较少。"比葫芦画瓢"已经成为教师一贯的教学风格，许多中小学教师都是在被动接受教育的环境中成长起来的，他们对自己的学生也会沿用这种方法。

许多培训教师在理论上都知道应该设置多元化的培训内容，针对不同的教学主题进行授课，但是在实际操作中又会回到以往教学方式的老路上，这些单一且不合理的培训内容并不能满足学员的需求，达到提高教师培训质量的效果。各级各类教师尤其是中小学教师都有属于自己风格的教学成长经历，加之环境和教学设施的限制，所以课程设置的不合理，会使学员出现"左耳进，右耳出"的现象，真正吸收的经验少之又少以至于在培训后的课堂中他们仍会采用以前的教学方式。

"因材施教，满足需要"是教师培训的八字箴言，但以往的一些教育机构往往采用"满堂灌"的方法，从头讲到尾，其课程内容与教师工作需求并不相符，致使参训教师不能将培训内容与自身工作实际结合起来，降低了培训的效果。这些培训基本上都没有从参训教师的角度和职业需求等方面考虑，其培训内容大多脱离教师授课实际，其中涉及教学科研的内容较少，达不到能够提高教师教育水平的目的；课程内容的单一也使得参训教师不能进一步开阔眼界；脱离实际的教学理论，并不能使教师在工作中运用培训知识解决实践问题。

二、教师来源分布不均

由于长期受城乡二元化经济的影响，国家对教育资源进行分配时也出现些许不同，中小学教师培训方面也在一定程度上受到影响，其中城乡学校的师资队伍存在较大的差距，西部贫困落后地区更是明显。教师培训多是由各个教育单位针对国家的教师培训政策申报并自发组织的项目，对于教师的来源有很大的局限性，城镇教育机构组织并开展的教师培训项目多针对当地的教师，对县乡教师招收的名额都是有限的，使一些想参与培训的教师没有条件参加或没有时间参加，从而导致县乡教师参与到本级别培训人数较少或没有，这就加剧了城乡教师素质差距。

城市作为教育的中心部分，对基础教育中教师的学历有严格的要求，这就使城市中小学教师的素质在一定程度上得到很大保障，由于这些教师在学历方面占有很大优势，使得其在教师培训中的接受力度也得到相应的提高。由于许多师范院校毕业生不愿深入农村基层教育中而导致了农村师资缺乏，从而使农村中小学教师主要是由民办教师来充当，不言而喻，其师资素质和学历水平在很大程度上是得不到保障的，严重制约了农村基础教育质量的提高。由于城乡师资素质的不同，在教师培训中，其接受程度也不同，因此在教师培训中同一堂课程，城市教师学到的和农村教师学到的必定有差别，这就使培训效果出现参差不齐的现象。

"国培计划"作为国家 2010 年新出台的有关中小学教师培训的政策，其中有一项就是"中西部农村骨干教师培训项目"，对农村中小学来讲，有一支又红又专业的师资队伍不仅能加强其教育基础建设，还能缩短城乡教育差距，因此结合中西部农村教育实际状况，了解其存在的实际问题是当前我国加强中西部中小学师资队伍建设的一项重大课题。就以往的教师培训来讲，许多培训内容都是"照本宣科"，以城市的教育格式为模板，多采用多媒体教学和数字观摩的方法，教学方式和培训内容的城市化倾向极为严重。在硬件上，农村的教育设施是完全跟不上城市脚步的，许多乡村的学校教学设备简陋，几乎接触不到电脑这种高科技产物，更别说上网查询资料。因此，这些城市化倾向严重的教师培训内容对农村中小学教师来说只是凑热闹，回到他们的工作环境中是根本用不到的。有些农村中小学教师甚至对纯理论授课的方式比较反感，因为这些培训都大大脱离了他们的教学环境，没有多大的实用性。

三、培训队伍的缺乏

就目前教师培训来讲，并没有一个统一的培训体系，这就使市面上出现的培训机构中所谓的培训教师水分含量极大，没有一支适合教师培训的专家团队，因此，谁来培训成为了教师培训中的一个大问题。在我国教师再教育体系没有明确的方案时，中小学教师的培训多会交给各级各类教育学院和教师进修学院来负责，这些院校都有自己专门的教师培训团队。但随着新中国教育的不断发展，各级各类院校的合并和扩大，专门负责教师培训的队伍越来越少，以至于到后来的消失不见。也有许多教师培训机构会请当地或其他大学著名的专家学者对参训教师进行课程培训，但大学中从事教师教育的专家学者多是研究大学相关内容的，其具备的有关中小学教师培训的理论与实践知识都有一定程度上的偏差。因此这些教师培训机构在从事培训活动时或多或少都会有些力不从心，这就使培训质量受到了严重的影响。以至于在实际的工作中教师培训低效，这表现在培训教师虽然能将自己的理论知识和丰富的教学经验传授给参训教师，但这些培训都收效甚微。

新课程的改革对教学理论工作者和教学实践工作者都是一个全新的未被探索的领域，所以能真正理解甚至掌握新课程培训的教师在这方面是非常缺乏的。有些培训专家也觉得教师在培训中对教学反思认识不足，他们参训并没有转变自身的角色，反而作为授课者的他们也不好批评，最后花的力气不少，但培训效果还是不理想。就一些教育机构来讲，与实现教师有效性培训相比，他们更重视的是经济收益，。参训教师参加培训很大程度上是看培训教师的名气而参与的，并没有考虑这些培训教师的专攻是否适合其自身教学教育技能的提升，因此在培训过程中所接收的知识很多都不能在日后工作中得到合理的运用。教师培训中培训教师的缺失对教师的在职培训有很大影响，"术业有专攻"，教师培训亦然，有适合中小学教师发展的教师培训团队才能真正提升教师培训的质量。

"国培计划"的培训机构是采用招标手段来确定的。因此虽然通过层层筛选，但许多中标的教育机构本身的教师培训队伍和培训者人数都是不够的，所以，这些中标的单位只有在培训过程中临时聘请部分或全部的培训老师，这就导致了这些培训教师只负责课堂授课，而不负责课后的辅导或问题指导，很多时候要靠班级的辅导教师主持问题研讨会和培训指导，这就在一定程度上使培训效果大打折扣；这些临时聘请的教授或专家多是从事高校工作或与高校工作相关的职业，他们很少或从不会关注中小学的状况，而且每一届的教师培训活动请的专家可能都不一样，且在培训结束后受聘教师就完全与参训教师失去联系，使得参训教师在遇到实际教学问题时无法及时与培训教师取得联系，培训教师也不会随时去掌握参训教师的教学问题。这一系列的问题就导致了整个教师培训缺乏整体性和连续性，也不能充分保障整个培训有条不紊且有效地进行。

四、教学时间安排不科学

教师培训总的来讲可以分为长期培训和短期培训。我们所认识的长期培训顶岗实习，也就是师范生在正常学期中所进行的教育实践活动，也就是说，师范院校的学生在上学期间要参与到中小学日常教育的活动中去，在学习与实践的交替中形成自己的教学思路与方法。"国培计划"下培训短期时间仅有 10 天，而在实际课程教学中开班仪式和结业仪式就已经占用了 2 天之久，这就使原本 10 天的课程需要压缩至 8 天完成。

以往的教师培训多是短期培训，基本都是教师在参加工作以后由学校或单位组织的为时不长的培训，这种培训一般都在一周以内，在筛选参训教师时也没有一定规范，一般都由学校推荐或自主选择。但是这种短期的培训会使得教师培训的效果大打折扣，时间太短参训教师还未完全吸收培训内容培训就已经结束了，培训效果不明显。而以往的顶岗实习大多针对在校生而言，其培训时间长达 1 年或更久，这不仅建立了师范生自己的认知结构，也在一定程度上促进了师范生的自主学习和实践的发展。显然，顶岗实习这种针对在校生而言的培训方式并不适合在职中小学教师，但如何处理好长期与短期培训的矛盾已经成为教师培训的一个重要问题，如若安排不合理便会严重影响到教师培训的效果。

"国培计划"在鼓励教师大胆创新的基础上，要求培训单位采用灵活多样的教学培训方式和设置丰富多彩的课程内容。但由于其置换脱产的培训方式作为一种新的培训方式出现，还存在许多不足，因此还不能完全成为现今的主流培训模式。比如，一些教师资源缺乏的农村中小学，就不能派出一些教师来参加脱产培训，即使可以派顶岗实习的大学生来替补由于参训而留下的空缺，也会对日后的教学产生或多或少的影响。因为受派参训的教师多为当地学校的骨干教师，顶岗教师大都是师范大学的在校学生，虽然有丰富的理论知识，但却缺乏相应的实践经验，因此在短时间内顶岗实习生都很难胜任空缺职位，这不仅会使课程教学受到影响，也使学校的教学管理受到影响。

五、绩效评估体制落实不到位

教师培训是一个耗费人力、物力、财力的投资比较大的项目，需要通过一定的评估手段来检测其培训的效果和需要改进的方面。教师培训效果的有效性评价无论是对培训的出资者，还是对培训的组织管理者都是有重大意义的。而培训评价也不单只是对培训的效果进行总结，同时也是对整个培训过程的反思与检讨，一个合理并科学的评价体系是确保教师培训达到目的先决条件之一。

评价要有目的性，而教师培训评价的目的不外乎是通过对教师参训期间所学到的教学技能和知识在具体教学实践中的应用力度来分析培训效果；或是通过在培训前后对在教师的自我评价中得到参训教师参训前后的态度和解决问题的能力的水平中了解此次培训的实效性；又或者是通过对教师培训过程中出现的一些问题，进行总结和分析。教师培训评价不仅能进一步了解教师培训的有效性，还能在评价中，吸取上次培训的经验教训，避免在以后的培训中出现相同的错误。

目前，我国的许多中小学教师培训都没有一个明确的培训评估计划和管理，国家对于那些完不成培训任务的学校也没有相应的惩罚措施，因此许多培训机构对于评估都不重视，选择"得过且过"的态度对待教师培训活动，这对了解培训是否有效有很大的影响，也在一定程度上制约了教师培训活动的发展。就以往的教师培训评价来讲，各级各类培训单位仅重视其在培训过程中学员的培训情况，对其在参训期间的学习态度、理解能力等通过自我评价和学期测评来评价，而忽视了其在培训结束后回归岗位的绩效评估。绩效评估是对员工的工作表现及工作业绩的综合性评价，而教师培训的绩效成果评估则是对教师参加完培训后的工作表现及其业绩的评价。这一部分需要培训组织投入更多的人力对参训的人员进行后期追踪，因此既耗时又耗力。由于许多组织腾不出这么多时间和人力对教师培训进行后续跟踪，以至于许多培训单位都对这一方面不重视或直接忽视，导致了不能真正了解教师培训的成效，更至于许多培训单位直接伪造培训结果对上级交差，因此绩效评估体制落实的不到位对教师培训的有效性有着很大的影响。

六、影响中小学教师有效性培训的问题

叶澜曾说过，"没有教师生命质量的提升，就很难有高的教育质量，没有教师精神的解放，就很难有学生精神的解放，没有教师的主动发展就很难有学生的主动发展。总之，教育是一个使教育者和受教育者变得更加完善的职业，而且只有当教育者自觉地完善自己时，才能更有利于学生的完善和发展"[①]。教师培训能促进整个教师团队素质的提升，但教师培训中却还是存在许多限制性因素，如教师个人因素、学校态度因素、培训政策因素，这些因素都对教师教育活动的有效性有着很大的影响。

"国培计划"是在国家对中小学教师教育教学整体素质的重视下逐步形成的，其范围广，投资力度大。但在其未得到广泛运用之前，我们并不能得到准确的数据来预测其培训的效果和影响，因为在培训中教师会受到多方面因素的影响，其具体实施的效果也会出现一定的滞后性。因此本章从上述几个方面详细阐述影响中小学教师培训有效性的因素，并对这几个因素进行分析和理解。

（一）教师个人问题

教师，是传递和传播人类文明的专职人员，是学校教育教学活动的只要实施者。教师作为教育活动的参与者与主导者，是整个教学教育活动不可缺少的一个主体。随着社会的不断发展，我国的教育、经济、文化等方

---

① 叶澜等.教师角色与教师发展新探[M]. 北京：教育科学出版社，2001：3.

面都在一定程度上得到了发展。教育作为培养新世纪人才的手段，更需要高素质的教师出现，中小学教师素质的高低直接关系到学生的成长，关系着教育的成败。因此教师这个教育活动参与者也必须做到与时俱进，不断转变教学技巧，以便取得最大的教学效果。但是在现实生活中，影响教师职业培训的自身因素有很多，如授课压力、家庭压力、专业技术压力、经济压力、学历因素等众多原因。

现代中小学教师往往承担了不止一个班的课程，尤其是对农村中小学教师而言，他们每个人都身兼数职，从班主任到思想老师，或某些专业课老师往往都是一个人。因此对这些老师来说，授课成了他们日常教学乃至生活的一个重大压力，而这些压力对于参与教师培训的他们来讲是一个很大的制约因素，在参训的同时要考虑自己班上学生的学习情况，还要兼顾自己在培训中的成绩，这就对这些教师参训的实效性有很大影响。几乎所有的中小学教师都已经成家立业，家庭因素在这里就成为了中小学教师所不能避免的压力。对他们来讲，教学授课已经成为了他们养家糊口的一个工具，而不再是作为兴趣存在了，参加中小学教师培训对他们来讲无疑是画蛇添足的。因为就"国培计划"的要求，所有参训人员都必须是脱产训练，参训人员都是作为全日制学生听课的，所以培训期间均不得回家，这就使已经有家累且孩子还小的教师不能顾及自己的孩子和爱人，由于对家人的担忧和对自己学习进度的双面压力，这就使参训教师在受训期间出现些许精神不集中现象，家庭因素因此成为了教师个人因素里面影响教师在职培训有效性的一个重要方面。

此外，经济压力对教师的有效性培训也是存在一定影响的，对农村中小学教师来讲，农村的生活水平相对于城市来讲是偏低的，经济收入也不比城市教师。对于参加教师培训，许多农村教师的态度都不积极，于他们来说，参与不参加教师培训都不会影响自己的工资水平。"国培计划"中有文件明确表示，对于所有参加培训计划的教师，培训期间所有的生活和学习费用均由政府承担（自己额外消费除外），虽然参加培训并不耗费自己的财力，还能在一定程度上提升自己的课业水平和教学技巧，但对于农村收入较低的教师来讲，这些培训对今后的经济增长并没有太大的影响。虽然教师的劳动不能简单地换算为经济指标，但是教师物质水平的高低直接影响到教师在培训中的地位，因此对于这些在农村任教且经济收入不高的中小学教师来说，参加教师培训仅仅是走个过场，没有实际作用，在学习理论实践知识时上心度不够、思想不集中等都使最后的培训结果受到极大影响。

苏霍姆林斯基曾说过，"教育的最终目的是自我教育"，教师培训作为教育的一个方面，其最终目的也是实现教师的自我培训。古希腊哲学家苏格拉底也曾说过，"教育不是灌输，是点燃"，因此教师培训也应该点燃教师自主学习的火焰，"国培计划"的目的之一就是进一步提高我国中小学教师素质文化水平。然而一些文化素质水平偏高的中小学教师对参加教师培训的积极性也并不高。高文化、高水平就成了阻碍教师参训积极性的一个台阶，就这些教师而言，他们目前的文化水平和教学技巧足以应对中小学的课程教学，没有多大的必要再参加教师培训。经济全球化带动了教育的全球化，教育方法和理念也有了一定程度的变化，接受过高学历教育的中小学教师更应该认清当前社会的需要，从自身的实际需求出发，从内心认识到接受教师培训的重要性。由于这些原因固步自封，使得一些不得不接受中小学教师培训的教师一直处于被动学习的状态，不去主动吸收培训教师传授的教学经验，不主动对自己以往的教学方式和教学策略进行反思，这种被动学习的过程使整个教师培训处在一个十分尴尬的位置，严重影响到教师培训的有效性。我国著名教育学专家周弘曾说过，"教育孩子，关键是态度问题，态度一变，方法无限"，教师培训也是如此，在教师培训中，教师的角色已经发生由老师到学生的转变，如果教师对待教师培训的态度一直处在被动状态，就会在一定程度上限制并阻碍教师培训的发展，反之则会在一定程度上推动教师教育的发展，提高教师培训的有效性。

（二）学校态度问题

学校是教师参与教学教育活动的一个基本环境，是按照一定的程序和时程对特定教育对象传授知识和价值观的地方，它由教师、学生、学校行者人员和家长这几个因素组成。每个学校都有自己的办学态度，这些态度是在学校的历史变迁中形成的，它是学校办学宗旨和前进方向，是一所学校对社会大众做出的基本承诺。学校作为一个教学组织就应该承担起组织所拥有的一切义务，组织不是一个单纯的集团，而是由两个以上有意识的个体或团体通过协力合作，形成的相互作用的体系。学校作为教学活动得以有效实施的环境，教师作为教学活动的参与者，两者是相互依存的，教师在学校中成长，学校是教师发展的场所，教师的教学水平直接关系到整个学校的教育层次，因此学校对教师参加教师在职培训的态度，对有效性培训有很大影响。

首先,学校的财务支持态度直接关系到教师参训的心情。"国培计划"是为了进一步提高教师教学水平和整体素质而提出的,教师参加在职培训不仅可以进一步提升自己的教学教育水平,也能提高教师就职学校的办学水平。许多学校尤其是农村中小学教师数量不多,在各级各类学校响应国家号召开展教师培训时,这些学校不愿也几乎挑不出符合条件的教师来参加培训,对这些学校来讲,教师的作用是教书育人,既然可以成为老师,那么他们目前的教学水平完全可以承担起这些任务,所以没必要参加这些培训。但是由于"国培计划"对农村的特别政策,这些学校不得不派遣教师参加整个脱产的培训活动,许多学校在教师在参训时期间是不为其发放工资的,虽然工资并不意味什么,但由于本身的工资水平就不高,参训又得不到学校的支持,使许多参训的中小学教师的心情都大打折扣,有的甚至为了补贴家用而拒绝参加教师培训。因此学校的财务支持态度也就直接影响到了整个教师培训得以有效进行的力度。

其次,学校的人力支持态度直接关系到教师培训的效果。教师的专业成长取决于学校工作人员对教师参训的支持力度和教师积极配合培训的程度。因此为了促进教师的专业化发展,学校必须为教师创造一定的条件,提供深造学习的机会。"国培计划"对农村骨干教师的深造教育有辅助政策,但弱势学校中的教师资源本身就相对匮乏,一些处于基层的学校对"国培计划"都有些许抵触情绪,因为对他们来说,学校教师都是一个萝卜一个坑的存在,骨干教师的数量更是屈指可数,如果教师都去参加培训了,那么孩子的课由谁来上就成了问题,这就导致了部分弱势学校不肯主动调动骨干教师参加教师培训。在他们看来,这些教师已经是学校的优秀教师资源,与其派骨干教师参加,不如派遣新手教师去参加这样收到的效果会更为明显,也能进一步拉动本校的教师成长率。所以有的学校在人员选派上就出现了一些问题,或是教师不想参加,或是学校不叫参加,又或是没资格参加,以至于最后为了填补培训缺额,学校会采用"抓阄"的方式来选派教师参加培训。这样选出的中小学教职人员与一些学校根据教师素质高低按教师意愿选出的人员,在生理和心理上或多或少都会有抵触出现。有的学校甚至各出奇招,允许教师参训,但一般这些参训教师报了到之后便请假消失不见,这是学校出的既不违背国家政策,又不耽误学校教学的"一箭双雕"的办法。学校对于人员选派的不支持,和为了应付上级而随便抽取教师参加培训都会直接影响到中小学教师培训质量,进而使培训效果不甚理想。

（三）培训政策问题

"百年大计，教育为本；教育大计，教师为本"，这十六个字深深体现了当代教师的责任和使命，因此提高教师的整体素质就成了我国科教兴国的一项重要战略任务。从改革开放以来，中国人民更加看重教育对一个国家的重要性，尤其是中小学教育关系到树立国家新生一代的人生观、价值观等，更是重中之重。由于我国中小学教师素质的参差不齐，国家在对教师的培养上制定了相当多的政策及辅助策略。二战后，受教师教育专业化和开放化的影响，许多发达国家都建立并实施了自己的教师资格考察制度。我国也随之建立起自己的教师资格制度，这种制度是一种能直接关系到一个国家是否能保证教师质量的基本评价制度。由于我国中小学教师队伍建设在改革开放初期并不完善，质量也不高，教师队伍的管理不能用统一的法制条款来进行，因此教师的资格评判也不完善。随着教育事业的不断发展，我国的教师资格制度才逐步建立起来，从确立到今天的短短几十年间，极大地促进了我国教师素质水平的提高和教育教学事业的发展。但随着社会经济的全球化，教育的发展也极为迅速，教师资格制度也就在这发展的过程中出现了一些亟待解决的问题，这些问题已经在一定程度上制约了我国教师质量的完善发展。

《教师法》是我国对拥有中国国籍和各方面素质学历教学能力都满足条件的中国公民所颁发的教师基本条款，但这些条款都是笼统简单的，如小学教师只要满足中师及以上学历都可申请。门槛较低这一项就与西方发达国家只有满足大学本科或以上的学历才能成为中小学教师有很大差距，这就导致了中国整个中小学教师队整体素质偏低，成为阻碍我国中小学教育事业发展的一大瓶颈。《教师法》的另一个不合理之处是教师任期问题，法规中没有明确的文件指出教师在取得教师资格证后的任期，以至于教师有了终身制的现象，这就使那些虽然具备教师资格证但在授课教学方面完全没有自己有效教学方式的教师一直打着教师的旗号蒙混过关。没有明确的体制，没有一个不同的评价标准，对我国教育事业的发展是不利的，这不仅不能调动教师创新的积极性，还有可能对以后教师培训的有效实施产生一定的制约。

由于对教育事业的重视，近现代我国的教师教育制度建立以来，师范生就一直享受着免费学习的待遇。如1897年于上海建立的南洋公学师范学院，不仅免收所有学杂费，还给予入学学生一定的津贴；1898年成立的京师大学堂学生享受的都是官员待遇。新中国成立以后，所有师范大学的教育都是免费的，除免去所有学杂费外，还可以享受国家给予的奖学金和"人民助学金"。在免费体制下，许多家境贫困的优秀学生都选择报考师范学校，并选择教师作为自己的终身职业，这对我国当时的教育事业的发展起了很大的推动作用。随着社会的进步，我国的教育培训体制也产生了些许变化，从以往的定向分配转变为双向选择。由于中国的教育经费在长久的免费制度下已开始有些不足以培养越来越多的师范学子，1993年开始，除师范、体育和农林专业的学生外，其他专业的学生都开始缴纳一定的培训费用。1997年，部分师范院校也开始收取学生的一部分学费。2005年下半年开始除了，首都师范院校的师范生外，其他的师范院校均逐步开始对学生收取学费。这标志着中国近代以来实行的免费师范教育正式结束。收费制度的实施虽然在一定程度上大大弥补了中国在教育经费上的不足，但其负面影响也十分明显。首先，免费制度的取消，大幅度降低了师范院校对优秀毕业生的吸引力，与教师相关的专业也不再成为这些优秀高中毕业生的首选专业。其次，由于师范生的减少，许多优秀师范生毕业后极少愿意从事教育工作或到西部偏远地区任教。这就进一步加剧了中西部地区教育资源的差距。

为了缓解免费教育终止所造成的教师教育资源的不足，2007年，国务院通过了《教育部直属师范大学生免费教育实施办法》，该办法规定师范生可享受在校期间免除一切学杂费的权利，但必须在毕业后回生源地任教十年以上，并有两年在农村任教的经历，在执行义务期间不能报考脱产研究生。该项办法的实施使越来越多的学生愿意加入到教师队伍中，但由于其实施范围只针对教育部直属的六所师范院校，每年能从中收益的学生与高中毕业生的人数完全不成比例。尤其是对于中西部师资队伍建设比较差的农村来讲，这些机会更是遥不可及，锦上添花的做法与国家促进教育均衡发展的政策背道而驰。这些政策的实施虽然一定程度上促进了中国教师教育的发展，但由于其要求的服务时限太长，使许多学生望而却步，即使加入了免费培养，在完成学业后也有可能放弃档案而加入淘金工作，就不仅减少了教师资源，也会扩大中西部教师资源的差距，这在以后教师培训人员的筛选上就造成了一定的困扰。

在这一系列有关教师培养的政策产生了效果及影响后，中小学教师队伍的建设尤其是农村中小学师资队伍的建设受到了越来越多人的关注。为了平衡中西部中小学教师的差距，提高中小学教师的整体素质，我国于2010年在十七大的引导下提出了"国培计划"，这是加强中小学尤其是农村中小学师资队伍建设的一项重大举措。

首先，"国培计划"的提出为我国中小学教师培训提供了保障。国家为提高教师质量投入了大量的资金，为参训学员提供食宿费、交通费和资料费等补助，使参训期间的学员免受资金的困扰。此外，许多省份为了响应"国培计划"的号召，除国家拨的经费外自己还投入部分经费来提高培训的实施力度。

其次，"国培计划"促进了我国教师培训的不断完善，其培训内容较为完善，其内容贯穿了整个教师培训，其针对农村骨干教师的培训项目有利于我国中小学教师的平衡发展，使教育资源得到共享。

再次，"国培计划"为教师的专业化发展提供了条件。许多已经就业的中小学教师，很难或几乎没参加过国家组织过的脱产集中培训，以往的短期培训根本达不到提升专业发展的效果。加大对农村中小学教师的培养力度，能充分提高农村中小学教师的专业水平和教学能力。"国培计划"在实施期间所带来的积极效果是毋庸置疑的，但在其发展的过程中，还是存在些许问题。

第一，许多培训团队的培训资质不达标，"国培计划"采用"公平、公开、公正"的投标方式来选取培训机构，但在进行筛选时，必须考虑到省内外的平衡，因此许多不达标的高校也就有了参评的可能。在参加投标时各大高校的投标书往往尽善尽美，但在实际中标后的操作时却显得力不从心，培训过程错误不断，培训效果不如人意。

第二，培训费用的安排上也不适当，为了得到参训教师的好评，以便在以后的后续跟踪中得到满意的答复，国家拨出的教师培训基金几乎一半都用到学员的饮食起居上，这就使得原本应有的培训项目都不得不缩减，使得整个培训的效果大打折扣。

第三，"国培计划"前期虽然会对参训教师进行问卷调查，但这些问卷基本上都是空洞的，并不能真正反映教师的现实教学需求，其调查结果最终也不会影响培训学校是否能根据教师需要聘请对口专家，或改变培训内容。这一切的"国培"漏洞都会在一定程度上致使教师培训的积极性降低，不能激发其终身学习的欲望，影响教师在职培训的最终效果。

第二节　"国培计划"背景下教师培训工作模式创新的思考

教育的关键是教师，教育发展的关键是教师队伍稳定和质量改善。只有教师优秀，教育系统才能卓越。在"国培计划"实施的背景下，探索和研究教师培训模式创新，需要我们认真研究当前教师培训的政策要求、现实诉求，并进行必要的理论思考。基于职业学院既有基础和现实条件，我们将"国培计划"当作重大的基础，凝聚学校的教研科研力量，积极探寻教师培训发展道路。

一、教师培训模式创新的政策要求

我国教师培训模式的变迁与整个教师培训政策的演进过程具有相对统一性。据李瑾瑜和史俊龙的研究，我国教师培训政策走过了从新中国成立初的在职学历补偿阶段、20世纪70年代至80年代的"教材教法过关"与学历提升并重阶段、20世纪90年代至21世纪初的制度性教师培训阶段、21世纪以来的专业化教师培训体系建立阶段。特别是追溯近十年以来我国教师培训政策的演进，发现我国教师培训政策也越来越关注形式创新和模式建构，并且对教师培训模式发展提出了目标专业化、内容标准化、方法规范化和管理精细化的具体要求，其中专业化是教师培训模式发展的核心政策要求。

（一）教师培训是提升教师能力素质和加强教师队伍建设的重要途径，近年来国家对教师培训工作的重视力度明显加大

教育大计，教师为本。有好的教师，才有好的教育。为加强中小学教师队伍建设，促进基础教育质量的提高，教育部从2010年正式开始实施"国培计划"。2011年，《教育部关于大力加强中小学教师培训工作的意见》指出："教师培训是加强教师队伍建设的重要环节，是推进素质教育，促进教育公平，提高教育质量的重要保证。近年来，各地各校积极采取措施加强教师培训，教师队伍建设取得明显成效。但从总体上看，教师队伍整体素质还不能完全适应新时期教育改革发展需要，教师培训发展不平衡，特别是农村教师培训机会较少，教师培训制度有待完善，支持保障能力建设亟待加强。教育规划纲要对中小学教师队伍建设提出了新的更高要求。大力加强教师培训，是新时期教育事业科学发展的重要任务和紧迫要求。"当前和今后一个时期中小学教师培训工作的总体目标是：以实施"国培计划"为抓手，推动各地通过多种有效途径，有目的、有计划地对全体中小学教师进行分类、分层、分岗培训。

2020年以前，完成了对全体乡村教师、校长进行360学时的培训。要

把乡村教师培训纳入基本公共服务体系，保障经费投入，确保乡村教师培训时间和质量。省级人民政府要统筹规划和支持全员培训，市、县级人民政府要切实履行实施主体责任。整合高等学校、县级教师发展中心和中小学校优质资源，建立乡村教师、校长专业发展支持服务体系。将师德教育作为乡村教师培训的首要内容，推动师德教育进教材、进课堂、进头脑，贯穿培训全过程。全面提升乡村教师信息技术应用能力，积极利用远程教学、数字化课程等信息技术手段，破解乡村优质教学资源不足的难题，同时建立支持学校、教师使用相关设备的激励机制并提供必要的保障经费。加强乡村学校音体美等师资紧缺学科教师和民族地区双语教师培训。按照乡村教师的实际需求改进培训方式，采取顶岗置换、网络研修、送教下乡、专家指导、校本研修等多种形式，增强培训的针对性和实效性。从 2015 年起，"国培计划"集中支持中西部地区乡村教师、校长培训。

2015 年，教育部、财政部颁布《关于改革实施中小学幼儿园教师国家级培训计划的通知》，决定从 2015 年起，"国培计划"集中支持中西部乡村教师、校长培训。继续实施"国培计划"——中西部项目和幼师国培项目，采取顶岗置换、送教下乡、网络研修、短期集中、专家指导、校本研修等方式，对中西部地区乡村中小学幼儿园教师进行专业化培训。继续实施"国培计划"——示范性项目，加强培训团队建设，探索培训新模式，为各地开展乡村教师培训培养"种子"、打造"模子"、探索"路子"。

（二）"国培计划"等相关政策重视教师培训的实效性和针对性，对教师培训的模式创新提出了明确要求

2011 年，《教育部关于大力加强中小学教师培训工作的意见》明确要求各地创新教师培训模式方法，提高教师培训质量，包括积极创新培训模式、不断优化培训内容、努力改进培训方式方法、积极开展教师远程培训、建立和完善校本研修制度等，并鼓励和支持高师院校和中小学合作，促进教师专业发展。

2013 年，教育部颁布《关于深化中小学教师培训模式改革全面提升培训质量的指导意见》指出，中小学教师培训要以实施好基础教育新课程为主要内容，以满足教师专业发展个性化需求为工作目标，引领教师专业成长。各地要将上述要求贯穿于培训规划、项目设计、组织实施、质量监控全过程。根据新任教师岗前培训、在职教师提高培训和骨干教师高级研修

等教师发展不同阶段的实际需求，开展针对性培训。实行教师培训需求调研分析制度，建立与中小学校共同确定培训项目的新机制。

要求各地改进培训内容，贴近一线教师教育教学实际。各地要将提高教师教育教学技能作为培训的主要内容，以典型教学案例为载体，创设真实课堂教学环境，紧密结合学校教育教学一线实际，开展主题鲜明的技能培训。实践性课程应不少于教师培训课程的 50%。要将中小学教师专业标准、师德教育和信息技术作为通识课程，列入培训必修模块。要求各地转变培训方式，提升教师参训实效。明确提出，各地要针对教师学习特点，强化基于教学现场、走进真实课堂的培训环节。通过现场诊断和案例教学解决实际问题，采取跟岗培训和情境体验改进教学行为，利用行动研究和反思实践提升教育经验，确保培训实效。改革传统讲授方式，强化学员互动参与，增强培训吸引力、感染力。省级教育行政部门要大力推动置换脱产研修，将院校集中培训、优质中小学"影子教师"实践和师范生（城镇教师）顶岗实习支教相结合，为农村学校培养骨干教师。要采取多种培训方式，加大体育、音乐、美术等师资紧缺学科专兼职教师和民族地区双语教师的培训力度。

为贯彻落实《乡村教师支持计划实施细则（2020－2021 年）》，推动各地变革乡村教师培训模式，提升乡村教师培训实效，在总结各地经验基础上，2016 年，教育部研究制定了《送教下乡培训指南》《乡村教师网络研修与校本研修整合培训指南》《乡村教师工作坊研修指南》《乡村教师培训团队置换脱产研修指南》等乡村教师培训指南。这些指南的正式颁布不仅为各地的教师培训制定了培训的流程标准，其项目设计的意图和培训对象和场景的规定，更体现了明显的"实践取向"，对教师培训的模式创新也提出了明确的要求。

二、教师培训模式创新的现实诉求

据调查，一线教师希望自己从培训中学到的内容顺序依次是教学方法及策略、学生发展及心理健康、学科教学、现代教育技术、学校及课堂教学管理、教育研究方法、班主任工作和教育教学理论。而另一份调查也显示，教师最期待的培训资源前五位是：教学方法及策略、学科教学、学校及课堂教学管理和班主任工作。据某机构对 782 名一线兼职教师培训者的调查结果显示：虽然调查的对象是一线的教师培训者，具体的培训内容与普通的一线老师有一定的差别，但从实践性来看，他们选择的最高的依然是课堂教学能力、培训组织实施能力和班主任管理能力三项，最不感兴趣的是教育学知识、教师培训政策和教师培训的基本理论。对于很多一线教师而言，教师培训，"听懂实用"才是硬道理，他们不喜欢枯燥的理论说教。而从他们喜欢的培训形式来看，偏向实践性的培训方式方法明显更受欢迎，从参加培训的切身体会来看，他们更喜欢参与式、体验式、实地观摩考察和观课议课等培训形式。他们最不喜欢的是"网络研修"和"专题讲座"等形式。

当前的教师培训实施中存在较为严重的"实践"误读。之所以存在对"实践"的误读，既有可能是培训的管理者和实施者存在抗拒心理，也有可能是其能力不堪的结果。从政策的执行来看，则存在由"守门人"因素导致的政策失真的可能。根据勒温对"守门人"心理因素的分析，"守门人"在此过程中，涉及认知结构、动机的问题，以及在冲突中做出不同价值选择的可能性，都会造成培训项目的不同流向，从而造成培训政策的失真。从当前教师培训的现状来看，对于"实践取向"的误读主要呈现三种样态，即敷衍型、盲目型和庸俗型。

所谓敷衍型，是培训管理者和实施者采取挂羊头卖狗肉的办法，他们不重视培训需求调查分析，内容脱离教师专业发展和教学实践的需要；培训方法主要以传统的集中讲授和听课评课为主，不能充分调动教师积极参与培训。这种敷衍型的培训"守门人"往往表面上重视教师培训的"实践"，但实际上却不去研究和探索真正的实践之道，而是采取明里一套、暗里一套的做法。所谓盲目型，是培训者虽然知道教师培训"实践取向"的重要性，但由于缺乏专业理论的指导和专业实践的经验，对于"实践性课程"的开设，他不明白实践是什么、为什么和怎么做。所以在实施过程中，采取跟风的方式，看别人怎么做，他就怎么做。这样的结果是即使设计了"实践"的课程和形式，也往往流于形式，效果难以保证。所谓庸俗型，是在教师培训的实践中，人们将实践简化为唯"实用"、唯"技术操作"的庸俗化路径。我们并不反对"实用"和"技术操作"，但反对没有引领和理论意蕴的"实用"和"技术操作"。

存在误读的主要原因是培训机构和培训者队伍能力建设力度跟不上培训发展的需要。我国教师培训的发展经历了"学历补偿"到"能力提升"的时代变迁过程，教师培训"实践取向"转型发展的背景也大致如此。过去以高校为主的教师培训模式，主要依靠高校教师作为培训者，在数量上无法满足需要，并且这支队伍大多脱离一线教育教学实践，培训课程"不接地气"。"国培计划"实施以来，我国的教师培训实践者为了突破传统的讲授式的单向的培训模式，从注重驱动学员的学习热情、调动积极主动性到侧重实用技能的提升，到了第二个"五年计划"以后，一些教师培训者逐渐改变了过去的线性思维方式，努力尝试将教与学、理论提升与实践生成、传递引领与教学相长相结合。在《乡村教师支持计划2015－2020年》推进的背景下，以"国培计划"为主要推动力的教师培训规模明显扩大，培训"重心下移"。而"重心下移"以后，县区级教师培训机构将成为未来教师培训的主力，但当前整体能力素质结构偏低的县区级教师培训者队伍成为教师培训质量提升的可能障碍。在新的时代条件下，随着社会和教育对教师作为"人"本身的关怀度提升，"实践取向"也应该有新的内涵，探索基于实践取向教师培训模式的理论与实践是教师培训理论研究和实践操作都需要努力的方向。

三、教师培训模式创新的理论思考

在教师培训实践推陈出新的背景下，关于教师培训模式创新的学理问题更值得我们继续深入探究，然而，要真正创新教师培训模式却面临着巨大的理论困境，需要我们去认真研究，从基本理论和概念出发，探寻可能的创新路径。

（一）认识教师培训的理论与实践的复杂性关系

第一，如何消解教师培训中理论与实践割裂的严重问题。作为一个严谨的教师培训的研究者，我们丝毫不能怀疑理论的重要性，但在培训实践中单一灌输的方式往往是不能奏效的。一般情况下我们都同意"做中学"的理念。传统的教师培训主张"知而后行"。简而言之，一个教师在还没有获得教育教学实践经验之前就可以拥有教育知识，而且必须先拥有教育理论，才能进入教育教学情境，进行教育活动。所以，在教师培训的实践中，其项目和课程的设计逻辑是先把大量的教育理论知识传授给教师，要他们记忆或理解这些抽象的、理论性的知识，然后进行操作或练习来验证这些习得的基础理论知识。罗赛尔称这种模式为"把理论运用到实践"（Theory into Practice）。在这一基本假设的前提下，教育实践就变成为"验证教育理论"或"应用教育理论"的活动。罗赛尔以及许多学者质疑这一假设，因为理论与实践乃是一个单一活动的两个作用的方面，而不是各自独立的领域。

根据舍恩的研究，专业知识不能与专业经验分离。实际情境中所面临的问题往往都非常复杂，而理论知识则往往是单纯的、概括的、简约的。这两者之间无法直接一一对应，教育实践工作者无法把先前所学的知识直接拿来一一应用。因此任何教师专业化过程的首要任务是密切结合教育理论与教育实践。教师培训中，教育理论与教育实践如何密切结合，在培训实施过程中，学术性知识与实践性知识之间如何有效对话，仍然需要进行深入探讨。

第二，教师是否可以有自己的理论，以及如何生成自己的理论？教师教育的"实践取向"转型在一定程度上已经成为社会共识。来自现象学、解释学、后现代主义等理论对"人"的主体性的重视、对教师"生活世界"的关注，成为推动教师教育"重心后移"的主要理论动力，特别是马克思主义实践观对理论和实践的深刻分析，对人的目的性存在的重要观点，为我们理解教师培训提供了重要的理论立场和实践视角。

教师培训的知识论基础究竟是什么？有学者提出"实践性知识"是教师专业成长的知识基础。从知识论的角度看，什么是"知识"，知识如何被证明是"真实的"，如何理解知识的"有用性"，知识是如何制造出来的，教师（应该）具有什么知识，教师职业因其知识特性能否成为一门"专业"，研究教师的实践性知识有什么意义，需要什么不同的研究范式和探究方法等问题，值得探讨。一般而言，我们都强调教师培训必须将教师的"实践"与"反思"相结合。根据舍恩的研究，一个专业人员在专业工作中，并不能简单地应用过去在专业教育中所学到的专业知识，而是在他的工作中以一种"在行动中反思"的方式解决问题，即在面临问题时能够及时形成假设，并决定新的行动。这里实际上涉及教师是否可以有自己的理论的问题。实践性知识的研究告诉我们，教师在行动中解决实际问题的决策、反思的实践智慧，是教师专业成长的最重要基础。反思有助于将教师的内隐的实践性知识显性化，并通过教育叙事、教学反思等方式进行必要的综合和系统化。教师的知识，包括显性知识和隐性知识，在教师培训过程中如何进行合理而富有成效的转化？

教师培训重视实践关怀，与职前教育最为不同的是，教师培训的对象——教师作为有着丰富生活经验和强烈学习动机的人，他们习得知识、生成知识、分享知识的路径到底如何，仍然值得深入探讨。波兰尼的"个人知识"理论、库伯的"经验圈"学习理论、舍恩和范梅南的教育现象学理论、诺尔斯的成人学习自我指导理论、野中郁次郎和竹内弘高的"SECI"知识转化理论等理论均为我们构建教师培训理论模型提供着必要的帮助。

（二）进行基于"实践取向"的教师培训关系重构

现实中存在着两种典型的人才培养模式，一种是以知识传授为中心的人才培养模式，另一种是以学生为中心的人才培养模式。当代人才培养模式的创新要以凸显学生主体性为核心。这事实上涉及教学者与学习者关系的问题。因此，中小学教师培训也经历着从基于主客关系的传统范式向基于主体间性的新型范式的转型。

从 17 世纪中后期欧洲的教会组织创办教师培训机构以来，一直到 20 世纪中后期，教师的培训基本上都是"职业技能训练"的性质。由于深受科学实证主义哲学的影响，长期以来教师培训带有明显的技术理性主义(Technical Rationality)的烙印，过于强调知识和技术的价值中立性，排斥培训者和参训者的情感、精神和人文情怀等"非技术要素"。教师的培训以教学技能的训练为主要内容，教师成为被训练和改造的对象，培训者和受训者之间是一种分属主客体地位的"我－它"关系。

20 世纪 80 年代以来，在后现代主义思想的影响下，人们开始从质疑和批判培训者和受训者之间是一种主客体关系的认识，以及教师培训就是按照理想的模型来重塑教师的过程的传统信条，而是积极倡导培训者和受训者之间的关系属于"主体间性"的观点。在这样的思想指导下，培训是一种"平等对话的人际交往"过程，主体间平等开放、广泛深入地进行对话交流，教师积极参与融入培训过程之中，主体性充分彰显；培训的根本目的在于发展教师的专业自主性，促使教师作为主体自觉、自主、能动、可持续地建构属于个人的教育教学新技能，从而不断地在超越自我过程中实现自我价值和体验职业的幸福感；教师的教育教学经验以及其间的个性差异被当成是一种重要的培训资源进行积极开发，培训的内容表现出动态且鲜活的生成性;在培训过程中教师的主观能动性具有很大的发挥空间，自觉主动地改造、建构与外部环境、他人以及自身内部精神世界，因此，在此过程中获得的成长与发展不是外部预设的，而是教师在参与并融入培训的过程中，不断自我设计与更新并由此渐进达成的。

第三章　教师"国培计划"项目实施存在的问题及策略

第一节　教师"国培计划"项目实施存在的问题

想要了解"国培计划"实施的问题，了解学员对"国培计划"的整体满意度是关键，而学员满意度可从后测评满意度调查问卷得知大概。在某次培训将要结束的几天内，对参培学员发放后测评满意度调查问卷，问卷主要测评学员对培训多方面的满意度，后测结果见表3-1：

表 3-1 学员满意度统计结果

评价内容	非常满意（%）	满意（%）	一般（%）	不满意（%）
学员对项目的整体满意度	33	59	8	0
项目满足学员学习需求的程度	37	50	13	0
研修（培训）目标设置与定位	35	51	14	0
研修（培训）课程和活动安排	32	45	18	5
研修（培训）资质	43	51	6	0
研修（培训）方式、方法选择	33	48	17	2
主讲和指导教师水平	48	47	5	0
教学设施与条件	52	44	4	0
住宿条件与服务质量	63	34	3	0
用餐与服务质量	38	44	16	2
项目管理团队服务态度与质量	39	53	6	2
研修（培训）成果与收获	35	64	1	0

可知学员在研修（培训）课程和活动安排、研修（培训）方式选择、用餐与服务质量、项目管理团队服务态度与质量这四点有较明显的不满意。

同时，让学员觉得一般的方面有项目满足学员学习需求的程度、研修（培训）目标设置与定位、研修（培训）课程和活动安排、研修（培训）方式、方法选择、用餐与服务质量，也可知在主讲和指导教师水平、教学设施与条件、住宿条件与服务质量三方面学员的满意度较高，具体问题分析如下。

一、课程开发领域的问题

（一）课程内容的学科针对性有待完善

在当期测评中，学员对培训内容的需求调查见图 3-1，学员更多地选择了学科类知识。

图 3-1 学员需要的培训内容

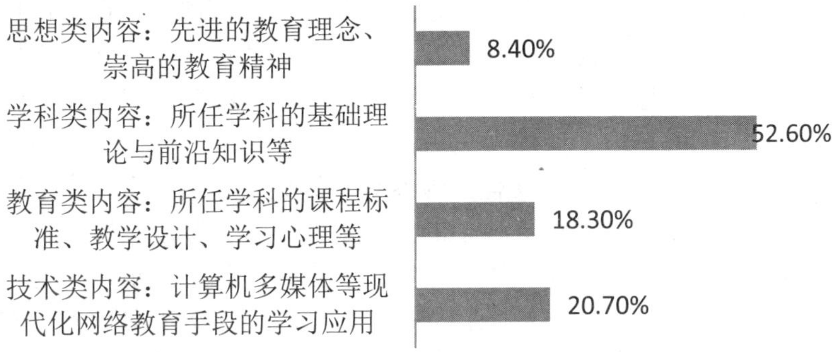

思想类内容：先进的教育理念、崇高的教育精神
8.40%
学科类内容：所任学科的基础理论与前沿知识等
52.60%
教育类内容：所任学科的课程标准、教学设计、学习心理等
18.30%
技术类内容：计算机多媒体等现代化网络教育手段的学习应用
20.70%

在课后访谈中也可知，教师 D 认为在本次培训中，更多的是针对语文、数学学科教师的培训内容，希望能有英语的学科内容，他谈道：“我来参加培训这么多天，授课专家大都是针对语文或者数学的，根本没有谈道英语，我感到培训对我所任学科教学没有什么帮助。”可知培训过程中出现了培训课程与参培学员专业不符的情况，反映了培训中授课内容针对性的不足。

同时，当期测评中还有对学员目前工作中课业任务的调查，具体占比统计见图 3-2：

其他
3%
5-10节
11%
10-15节
38%
16-20节
48%

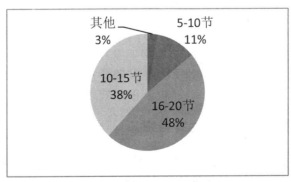

图 3-2 学员每周课业任务

由图 3-2 可知，学员的课业任务繁重，每周所带课业在 16-20 节课的教师占 48%，每周 5-10 节课的教师仅有 11%，可知学员的心理压力较大，想要提升自我，尤其是提升自己学科的教学能力的心情很迫切。以 H 大学本次培训为例，培训课程针对性需要加强表现在多方面，如课程内容、参培学员、承办院系的学科特色等，可知培训所设课程与国培《课标》所要求的有一定偏差。学员自身有不易接受的内容，即与自身所教学科不相符的内容，在本项目的跟培中，学员都是新教师，对教学工作也是刚入手，在一些课程学习上接受能力不强，因为课程内容培训针对性不强。培训产生针对性不强的情况一般是承训单位在讨论培训课程设置时，都是越方便越好的态度，而聘请的外校专家，都会根据自己擅长领域进行课程设计，承训单位没有注意学员的需求课程设计针对性有待加强，这就忽略了参训学员主体，即培训主体。较少考虑内容与参训学员现状是否相符，导致有些内容对学员教学影响不大。有些地区教育相对发展缓慢，教师自身教学能力、素养不等，所以设置课程内容时要据具体情况定。开设课程以理论性知识贯穿全程，就很难激起学员求知欲。国家颁布的《"国培计划"课程标准（试行）》中对设置（农村）地域特色与综合实践活动课程有课时量要求，在 H 大学的课程实施方案中，具有农村特色教育在整个培训课程里所占比重都未达到要求。从培训学习及活动来看，除教学专业知识、能力和理念外，会发现整个培训过程，较少涉及农村文化或其特色相关知识。在项目中的新教师的教学观及其应用的课上，来自城市教育局的专家讲授的内容中的案例就全都来自城市教学，并不是说专家故意都用城市学校的教学案例，而是他并没有农村教学的案例可以用。这主要是因为这些授课专家教授都是长期工作在城市，甚至于从来没有去过农村，他们所研究的也只是城市中小学教学内容，讲授更多地偏向于理论，甚至于是学术研究，而参培教师一般在科研探究上需求并不大，偏向于城市的课程不符合农村教学现状，学员在学习之后不能为自己教学所用。专家授课内容与实际不符，内容与农村关系小，理论化内容过多，是忽略学员主体导致，过于理论性的内容，会使人产生距离感，自然也就得不到参培教师认同。

（二）课程内容实践性有待提高

而对于国培短期集中培训的建议课程内容，在《课标》都有划分具体的课程模块，笔者也进行了总结见表 3-2：

表 3-2　短期集中培训课程模块

培训模块	内容
专业理念与师德	师德修养、专业理念
专业知识	学生发展知识、学科知识、教育教学知识、专业知识、通识知识
专业能力	教学设计、教学实施、教学评价、教学研究、现代教育技术能力、课程资源开发与利用、班级管理、教师培训

其中，《课标》对课时也有一定要求，但根据不同培训项目的时长等因素，各培训单位自行协调，力求培训内容均衡。

在本次研究的 H 大学承训的项目中，因参加培训的学员都是新入职教师，所任教学科不同，职责亦不同，有的是一般科任教师，有的是班主任，且《课标》中只有对不同学科的教师培训的课程要求而没有特别针对新入职教师的课程标准，所以笔者通过收集该批学员同年在 D 大学的岗前培训的课表进行对比分析，可知在 D 大学新入职教师岗前培训中，共有 149 节课，其课程内容分为集中授课类、团队拓展式、个人选择性、专项定制型四个类型，其中团队拓展式课程属于晚间活动课，笔者主要通过 D 大学集中授课类型、个人选择型课程表等与 H 大学项目课表进行对比分析，其中 D 大学培训中专业理念与师德课程有 17 节，专业知识课有 12 节，专业能力课有 20 节，具体统计见图 3-3：

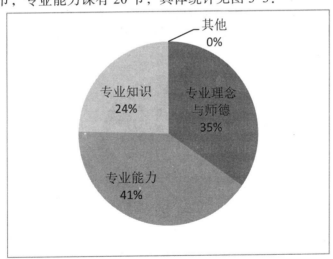

图 3-3　D 大学 2017 年承训项目课程内容分布

而在 H 大学承训的 2017 年项目的课表中，共有 39 节大课，其中专业理念与师德方面课程有 7 节，专业知识方面课程有 19 节，专业能力方面课程有 13 节，具体见图 3-4：

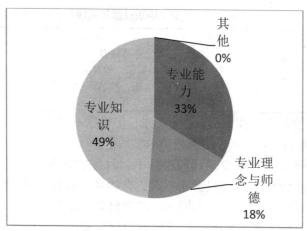

图 3-4　H 大学 2017 年承训项目课程内容分布

由图 3-3、3-4 对比可知,同样是在 2017 年举办的湖北省新入职教师的岗前培训,H 大学所承训的项目中,专业理念与师德方面的课程与专业能力方面的课程占比相较于 D 大学更低,而专业知识方面的课程,H 大学的培训课程中占比更多,即理论课占比更多。

因为培训内容是国培培训的载体,所以培训内容的设计一直是培训团队注意的重点,了解学员的需求、学员的实际情况,制定与之相符的课程。对于培训课程需求中学员最期待的课程,在当期测评中,学员调查结果见图 3-5。

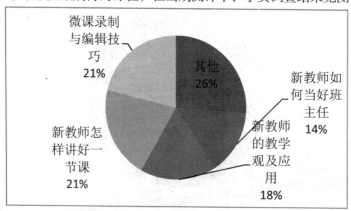

图 3-5 学员最喜欢课程

由图 3-5 可知,学员最期待课程分别是微课录制与编辑技巧、新教师怎样讲好一堂课等,排在首位的这两门课程无一例外都是实操性课程,需要教师亲自动手制作。笔者在课堂观察中也发现学员在这两门课上表现得尤为积极,微课试讲课课堂气氛也是极其活跃,每位学员都跃跃欲试,或向专家积极提问。从访谈中教师 A 得知，微课可以直观地向学生展示课件，并且使得课堂生动有趣。课堂枯燥也是教师在教学工作面对的一大问题，多媒体教学让课堂更贴近小学生，这反映了学员对于实践课的需求。同时在回访结果中（见图 3-6）：

图 3-6　回访问卷

在回访问卷的这三个维度的满意度统计中，由图 3-6 可知，教育能力的满意度反馈是最高的，即表示在培训中，学员教学能力得到了提高，教学技能相关课程的开设取得了良好的效果，对学员产生了较大影响。笔者也跟踪调查了两位参加了本次培训的教师，分别以英文字母 F、G 代替，其中除了微课制作课让其教学方式更加多元，"创造性教学的理念与实施策略"的课程的学习使得她对学科教学有了更通透的认识。

教师 F 谈道："自从培训结束回来后，学校里有很多老师都在研究如何用微课制作课件来上课，也在网上下了很多资料学习。今年 3 月，学校还举办了一次微课制作评比。我们学校的老师对微课的热情始于国培，也会一直进行学习探究，不会停下。"

同时，教师 G 表示，培训中微课录制与编辑技巧课上学到的微课制作软件如 Course Make、VK Pad 等，她都一直在摸索学习。说明了国培培训中实践课程的影响力。从图 3-6 中也可知，国培培训对学员在教育理念方面的培训效果不佳，学员在接受理论性知识教育时的兴趣不足，原因在于国家对于提升农村中小学教师教育理念方面的规章制度还不甚完备，学员从内心对教育理论性知识不重视，教育理念方面的学习也未起到很好效果。《课标》要求培训课程中实践类课程至少要多于 30%，但实际情况并不如此，开设的理论知识课相对占比更大，可知本次培训中实践课未达标。

纵观 H 大学所承训的新招录教师岗位技能培训项目，在培训课程中理论知识的学习远多于实践操作的学习。本次培训的课程以理论为主，理论知识的学习能使学员丰富教育理论，却很难为农村教学带来实质变化，因为对参培学员来说不实用。而课程缺乏实用性具体在于，首先是学习的理论知识难以被学员转化为可以运用于实践的知识，如教师阅读素养与阅读教学课，虽能拓宽农村中小学教师见识，但参训学员有的专业能力欠缺，基础不牢，这些并不是几节课的学习，就能让他们在之后的教学中运用到手的。再加上条件限制，这些也都不是几节课学习就可以改变的。回到自己任职的学校后，学校没有图书馆，无法进行多媒体授课，无法通过网络媒介进行新型教学形式学习、资源不足、信息技术不发达等，使得他们在国培培训中学习的实操性课程无法得到练习和实际运用，锻炼教学能力的实践方面课程被搁浅。同样地，学员在理念更新以及知识扩展类的课程，即扩展教学方法和手段等的课程时，表现积极认真，但这些课程如果不能在他们后续的教学工作中发挥作用，那么培训也是无用的。同时在跟培观察调查中，也得知在培训进行的具体过程中，除了理论授课，没有进行前往中小学校进行观摩等课程，可知本次培训中实践课程过少。

（三）对学员的培训需求的了解有待加强

由当期测评中对培训需求的调查可知，通过教师培训提升教学水平，提升教学能力，也是参培学员的需求体现（见图3-7）：

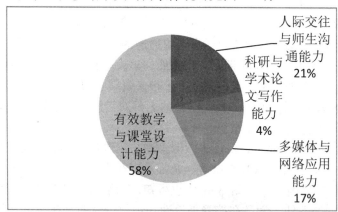

图3-7　学员需要通过培训提升的能力

学员中有58%选择了如何开展有效教学，之后是21%选择了人际关系协调，如师生之间的沟通，可知对于农村中小学教师而言，最想提升的能力一直是有效教学与课堂设计能力，同时学员因为刚入职，人际交往、如何与学生沟通，是他们关心的重点。

在访谈中，教师B谈道："对于我们目前而言，写论文做科研还没有提上日程，每个星期都有十几节课，学习科研与学术论文写作对我而言没有这方面的需求。"这反映了学员参培最大的目的即提升自我教学能力。

同时在本次项目跟培观察调查中，据观察在培训中出现了学员旷到、上课吵闹讲话、专家教授在课堂上讲课学员没听等情况，同时通过收集班长的签到表可知，该次培训的平均实到率为83.2%，在与往年项目的平均学员实到率92.3%相比减少许多，该数据从侧面反映了参训教师积极性的下降。在与学员交流中可知，学校课业是一方面原因，同时因为是新入职教师的岗前培训，对于小部分学员而言，教师并不是他们的最终职业期待，而他们也在一边从事教师职业的同时一边备考其他职业的岗位考试，所以在国培培训过程中，他们会利用上课或是休息时间更多地复习备考知识，导致其在培训时积极性不高。

同时，很多学员在培训时会感到不适，即对培训内容会有无法迅速接手学习的体验。如有参培教师说："专家讲的有的我们听不懂，举的例子也不贴合我们教学实际，课后交流的时间也不多。"可见在国培项目培训中要切实了解学员的培训需求，不仅要在培训前了解到学员切实想要提高的方面，在培训当期也要时刻关注。

二、资源建设领域的问题

（一）培训队伍进一步完善

在课表的比较分析中，也对H大学和D大学讲师占比进行了比较，根据H大学所承训项目课程表，其中共有38位教授专家前来讲座授课，其中8位来自外省高校，25位来自H大学本校，5位来自中小学，具体占比见图3-8：

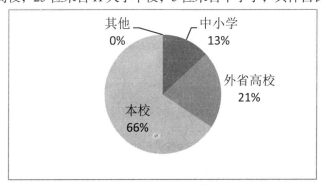

图3-8 H大学2017年项目讲师来源占比

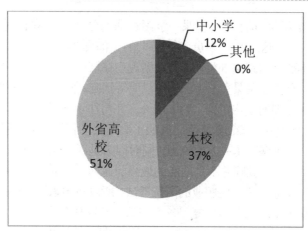

图 3-9　D 大学 2017 年项目讲师来源占比

通过图 3-8、3-9 的数据对比可知，在 D 大学的新入职教师岗前培训的项目中，来自中小学一线的与本校的培训讲师占比和与来自外省高校的培训讲师占比持平。在 H 大学项目中，来自中小学的教师只有 13.2%，远低于三分之一，在该项目中 H 大学更多地安排了本校专家进行讲座授课，而外省高校的专家占 21%，也低于《课标》所要求的不少于三分之一的比例，可知在 H 大学本次培训中来自一线教学的中小学专家数量偏少。

同时，在当期测评中也有学员对讲师的要求，结果见图 3-10：

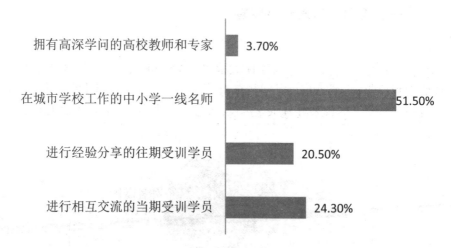

图 3-10　学员需要的培训讲师

由图 3-10 可知，学员并不追求拥有高深学问的大儒，其参加培训最主要目的只有一个，就是实现有效教学。在访谈中学员也不断提及想要听更多一线名师的课，想要学习他们的教学经验，纯理论课程不符学员实际。随堂访谈时，学员 B 说："有些教学理论真得很好，如果在城市学校里一定会实行地很好，但是在农村学校派不上用场。"所以在培训中，培训讲师的选择应更多的贴切学员的选择，但是在全面提升农村中小学教师专业化水平的大目标的前提下，高校教师和专家的邀请也是必要的。关于培训队伍，就目前我国的教师培训来讲，具体情况是各地承训单位每举行一次教师培训就会组织一次培训团队的建设，或许有这几年来熟悉的专家多次进行培训，但更多的时候每年甚至是每次培训的队伍都不一样，所以谁来培训成为一个大问题。一般来说是由各大高校教科院全权承担，这些院校都有自己专门的教师培训团队，但经过一些变动，比如学校合并等，原本负责培训的队伍可能就会在变动中解散，一些承训单位会请专家学者，那么也就不能保证培训质量，因为临时聘请的专家学者具备的关于教师培训方面的理论与实践知识不一定和该次培训的目标相符。所以这些承训单位，在进行培训活动时有心无力，导致培训质量得不到保证，在实际工作中出现低效培训。培训讲师虽能将自己的理论知识和丰富教学经验传授给学员们，但效果甚微。如新课改内容对很多教师来讲是全新的，掌握全面的不多，当专家在讲授这方面内容时，若得不到学员的及时反馈，或是有实质内容的反馈，就会觉得学员是否是没在听，或是没听懂，更多时候会觉得学员没及时反思、思考，但专家也不能批评，这导致的情况是，专家讲授付出了很大心血，但学员还是听不懂没消化的居多。培训专家所授课程不能被学员有效吸收，这也是培训团队缺乏的一种表现。

"国培计划"的培训是采用招标来确定的，有的中标单位本身负责国培的人数就少，只能临时聘请老师来培训，这些临时聘请的专家只负责课堂授课，很少课后指导，当一节课结束后，便急匆匆离开，学员们有疑惑却无处得到解答。这时问题的解决途径，主要是班级助理或是班长开个小型问题研讨会，或是干脆没得到解答，没有指导也就没有培训效果。聘请的专家常年从事高校相关工作，对中小学教学状况不了解，且培训结束后很少有专家会和学员联系，这就显得培训缺乏连续性，专家只负责教，却不负责教会，不能保障整个培训有效进行。

（二）培训资源有待丰富和整合

培训资源不仅指培训专家这一个方面，还有培训项目组织人员团队等，还包括培训课程资源库，培训基地、培训单位所提供的培训条件等，这都属于资源建设的内容。关于本次培训的资源建设，笔者也访谈了本次湖北省中小学教师素质提升工程新招录教师岗位技能培训项目的 H 大学的承训负责人 h 老师。h 老师谈道："今年的国培项目，为后续培训提供了经验，关于课程资源库的建设，包括本次培训的课程视频资料、ppt 资源、教材资源。今后培训，我都会全程录像，以后刻成光盘，刻成电子资源，在我校的国培的专门网址，放上去。本次培训的专家授课课件我都留一份，但很遗憾，不多。在之后的国培培训项目中，我会与授课专家协调好，便于专家们讲好，来讲课就必须把课件留下，同时还要对专家授课进行录像，再整合文字材料，做成文档收入资源库。往年的国培培训中，我们都会收集培训授课的视频材料、文字资料，还有课件，这些都是课程资源库。再就是校友资源库，包括所有到我校培训的学员，本届的、历届的，所有参训学员信息，都要纳入我们的校友资源库，这个需要开发，如果这个校友资源库建成了，那么对我们之后的项目开展也会大有裨益。还有实践基地，培训伙伴学校，不能只是在 H 大学，还要有培训友好学校、协同学校、基地学校，或者其他培训机构，这都是属于资源建设。"由与 h 老师的访谈可知，本次项目在培训资源建设方面，对于讲课专家前来授课所提供的课程资源如课件 ppt、视频录像等方面，在培训当期没有很好地把握，留存的培训资源不多，同时对于参与国培培训的学员信息采集整理工作也仍然是在进行中。国培网站论坛方面，笔者查询 H 大学继续教育学院的国培专栏网站，但网站的信息更新仍停留在 2014 年 H 大学所承训的国培培训项目，没有做到国培信息的及时更新；再者，与 h 老师的访谈也暴露了 H 大学在国培项目培训中的培训基地方面的不足，在本次项目中学员没有前往中小学进行实践观摩；通过对 H 大学国培项目过往的项目资料的查阅可知，每个院系在承办项目时所对应的观摩学校都不同，同时 H 大学也没有国培项目培训相应的伙伴学校，这方面需要在后续得到重视和改进。

三、培训方式领域的问题

（一）培训方式需更加多样化

在当期测评中，对培训方式的需求调查总结见图 3-11：

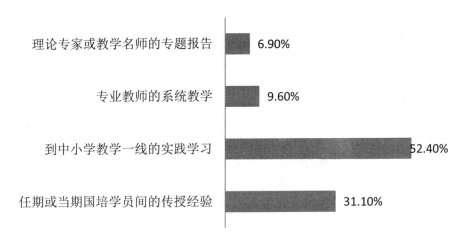

图 3-11 学员需要的培训方式

对于培训方式的需求，本次项目的学员最倾向于到中小学教育一线去实践学习，而在项目实训中，并没有安排学员去当地中小学实践的活动，仅去了 H 大学参观。在访谈中，教师 D 谈道："我很想和往期的国培学员进行交流，但是在培训中，除了专家是有往期国培经验的，再没有其他可以了解国培的渠道。"

同时，在培训目的调查选择上也是同样情况见图 3-12：

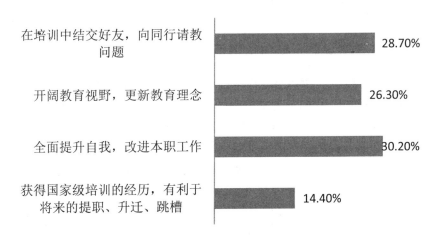

图 3-12 学员参培的培训目的

由数据可知，新入职教师因为正处在自身职业发展的最早期，所以会对提升自我有强烈的意愿，不仅是自我学习，在各类培训中，这也是他们的主要目的。

同时，访谈中也有教师谈道："参加培训，多认识一些同行，多交流，对以后教学工作都有好处，但是这次培训的学员之间互动机会太少了，除了听课就是作业，没多少其余活动。"

由图 3-12 及访谈总结可得，对于目前农村中小学教师而言，在教师专业化自我提升方面，教师更多的关注点是在教学技能上，这就需要国家及各地教育主管部门，通过各项举措提升教师对教学理论的重视，同时也不要忽略学员需求，根据学员需求来对培训方式进行调整。关于本次培训的主要培训方式是集中授课讲座讲演等，通过与 D 大学培训的可知，在 D 大学的培训项目中，课程被分为四大模块，分别是集中授课类、团队拓展式、个人选择类、以及专项订制型这四类。在集中授课类中，课程主要类型为理论授课，包括"今天我们怎样做教师""让教育有思想、有灵魂、有力量"等课程，这类课程致力于对新教师进行情感上、思想上的塑造，使得新教师在教学岗位上教育信念能更加充盈。在后面的团队拓展式课程中，有诸如"一路有你共话教育"分支部主题班会、"奇思妙想跨界碰撞"等集体活动，。在个人选择性课程中有集体舞蹈编排、个人礼仪训练、合唱指挥训练等自主体验形式的课程，而在专项定制型课程中，有新教育传播解析、教育影响、PPT 课件制作、摄影艺术、校园歌曲创作这五门订制课程，其培训涉及的培训方式有集中授课、专题讲座、自主体验，而本研究中的 H 大学的项目培训中只有专题讲座这一类培训方式，所以培训方式应该多样化。

（二）需增设更多参与性课程

同时，从学员们的国培心得中也可知学员们对参与式教学的喜爱，因为学员普遍对 9 月 22 日涂玉霞老师的"做一个好玩的老师"课程非常喜爱，如有学员写道说："涂老师好有趣，上涂老师的课我们感觉很轻松，注意力很集中，课堂上我们随着涂老师的步伐快乐地学习。开课时涂老师带着全体学员做了一个心理测试，很有趣，我们每个人都被涂老师吸引了。这些游戏并不是单纯地玩，而且是寓教于乐的教学。涂老师的课堂是有魔力的，走进涂老师的课堂你就不想出来，会被她的魔力吸引住，保你听了还想听，舍不得下课。"可见参与式教学对参训学员的吸引力。对于新入职的小学教师而言，参与式教学的培训方式是最受欢迎和最让学员受益的。由图 3-7 可知，学员最想要迫切提高的就是教学能力，如何上好课，让小学生在课堂中取得最佳学习效果，对于新入职的教师来说至为重要。

四、服务管理领域的问题

（一）部门间沟通需进一步加强

在培训实施过程中，处处存在着沟通，学员之间的沟通，项目组织管理人员与学员学校的沟通等。在本次培训中，学员与组织人员的、区县学校与地方教育局之间的沟通协调就有问题，具体是项目开展过程中，学员所来自学校、承训学校与学员所属地方教育局三者之间的沟通协调，即项目执行过程中与院校、地方教育局、参训学员单位的工作横向衔接和协调上困难较大。

这就要求承训单位在培训前要对参培学员充分了解，在培训开展前期，组织单位就要提前了解参培学员的个人情况、课业任务等，同时在培训当期也要时刻关注学员。农村学校基础设施问题颇多，对国培项目也有认识上的误区，在学员选派、学员生活学习安排上，一部分达不到要求，如参培没有工资，也没有相应补贴，自己打车来上课的地方，造成项目执行过程中诸多不便。在培训之前，做好各主体之间的沟通协调也是服务到位的体现。

（二）培训服务需进一步完善

在当期测评中，关于培训条件的需求见图 3-13：

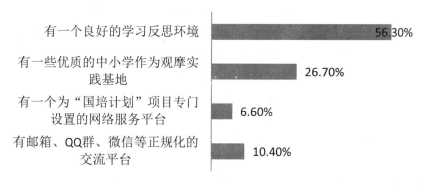

有一个良好的学习反思环境　56.30%

有一些优质的中小学作为观摩实践基地　26.70%

有一个为"国培计划"项目专门设置的网络服务平台　6.60%

有邮箱、QQ群、微信等正规化的交流平台　10.40%

图 3-13　学员需要的培训条件

学员有 56.3%选择了良好的学习环境，用于反思当天学习内容，再者是有优质中小学作为观摩实践基地。访谈中学员最多提到的就是"培训地点安排在学校里最好。好不容易来参加一次培训，想要去观摩城市里优秀的中小学"。良好的学习环境有利于学员在结束了一天的学习后及时反思总结，这反映了培训环境的重要性。在访谈中也知，满堂灌的理论课太多，课程内容多，更多的时候根本听不懂或者是来不及听懂。同时由图3-13可知，为国培项目而专门设置的网络服务平台的需求在培训中是选择最少的，反映了学员对于网络课程方面的学习的认知缺乏，对于通过网络平台进行培训的方式还未适应或是还未形成气候，国家应在这方面加强培训力度。在调查学员对于培训管理的期待时，学员选择最多的是"需要培训过程中的组织更加严密"，再者是希望在管理制度方面能更用心（见图3-14）：

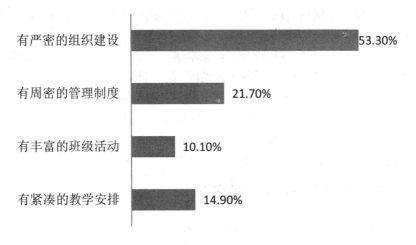

图3-14　学员需要的培训管理模式

由图3-14可知，在培训项目中，学员们选择的更多的是有严密的组织建设，再者是有周密的管理制度。由笔者跟培观察可知，参培学员大都在学校还有课业安排，来参培是挤出时间来参加，所以在培训时不免有紧张情绪，希望自己的培训能学有所得，所以会希望在培训管理上有严密的组织建设。

同时由访谈可知，教师C谈道："真的希望工作人员、班主任能在课堂纪律上多注意管理，没有明确的管理课堂纪律的人员配置，上课的时候经常出现吵吵闹闹的情况，也有人在后面几排讲话，让人不能安心听课。"反映了学员对课堂纪律的不满，部分学员对于班级的纪律有微词，经常会反映在上课的时候比较吵，希望班主任和主管能多多管理下班级纪律。

同时短期集中培训时间有限，一般为15~25天时间，本次项目为期25天，国培对培训目标、课时有严格要求，这在国培标准上也有明显规定，承训单位只能严格按照国培的标准课时来安排课程，不能少只能多，因为培训内容多、时间紧。在本次项目的访谈中,学员 E 反映:"课程实在是太满当了,每天的上课,从早到晚没有停过,课后的作业也是布置得不少,完全没有听课之后反思的时间,我们课上学习的东西还没来得及消化就要马上学习另一主题,而且还要抽出时间进行小组讨论,要提前准备好自己的材料,太赶了。"紧凑得学习安排,使得学员休息质量难以得到保证,有的学员因为身体原因也没来听,可知本次培训课程安排过于紧凑,出现了占用学员的休息时间的情况,基本全天课程,参加培训的教师一般都是远离自己家庭和学校来到比较远的地方进行培训,在陌生的地方他们有出去游览的欲望,全天课程导致他们仅有较少的自由活动和休息时间,使得教师情绪紧张无法放松,快节奏的学习让参培学员刚学到的新的理论知识还没来得及理解消化就又要开始学习别的专业知识,在培训服务管理方面需要更多人性化的服务。

五、绩效评价领域的问题

(一)经费的合理执行有待推进

本项目的经费预算与实际支出基本持平,其中项目资金使用情况如下(包括总支出及支出分类):1.住宿费:学员 12.3 万元;专家;0.3 万元;2.伙食费:学员 10 万元;专家:0.5 万元;3.交通费:学员 0.5 万元;专家:1.5 万元;4.讲课费:授课费 10 万元;指导费 6 万元;5.培训资料费:网络课程资源费 3 万元;学习资料费 0.7 万元;办公用品费 1 万元;6.培训场地及设备费:场地租用费 3.5 万元;设备租用费 3 万元;网络平台租用费 1 万元;7.其他费用:1.7 万元。分析可知各项费用占总经费的百分比(见表3-3):

表 3-3 本项目各项费用占总经费的百分比

	住宿费	伙食费	交通费	讲课费	培训资料费	培训场地及设备费	其他费用
占比(%)	22.9	19.1	3.6	29.1	8.5	13.6	3.2

由表 3-3 可知,本次项目的经费支出的各项占比由大到小依次为,讲课费、住宿费、伙食费、培训场地及设备费、交通费、其他费用,可知在本次培训中,H 大学组织方在讲课费方面的支出占最大的 29.1%。培训经费最重要的一点就是要花得其所,由当期测评满意度见表 3-1 调查可知,学员在讲师方面也确实是满意度最高。同时,由培训场地及设备费的占比

也对应表3-1中所显示的学员满意度，可知学员对该方面也是满意度较低，H 大学在"国培计划"的项目经费规划中，可适当增加对培训场地、培训资料的投入。

长期以来，培训的经费问题一直是农村教师培训的阻碍之一，实施"国培计划"有效缓解了这一情况，农村中小学教师培训不用再因经费问题而举步维艰，"国培计划"下的教师培训经费由国家出资，而湖北省"国培计划"教师培训项目经费采用省财政厅拨款、培训单位先行垫付的方式。在资金使用上，培训管理人员则要在严格标准里面精打细算。培训经费的使用是有标准的，对每一项经费使用都规定得详细具体，这在一定程度上防止了经费使用不明的现象。但统一的培训经费使用标准不能完全适用于所有地区的经济发展状况，由于各地区的经济发展水平不同，相应的经费需求额度就不同。

在与 h 老师谈道本次培训的经费方面相关问题时，h 老师指出："在执行过程当中，往往培训前期很忙，一些账目没有及时报销，都等到项目培训结束之后，再全部来集中报销，经费执行方面还有待加强。还有就是培训前期因为不了解经费的总体情况，所以导致经费没有用完。"可知在本次项目培训中经费执行方面反映的问题。

（二）评价考核机制有待完善

而在培训结束时的考核方式的选择上（见图3-15）：

图 3-15　学员需要的培训考核方式

学员中有 59.2% 选择了根据培训课程完成相应作业，19.7% 选择了提交小论文或培训心得。在教师 E 的访谈中笔者了解到，"每天都很累，还要写 3000 字到 5000 字的心得，很多学员在休息时间根本就写不完，更甚者在课上没有听课也在写这个，我希望能有其他形式的作业，比如微课制作，能更见成效。"这反映了评价考核方式方面的问题，本次培训写心得的考核方式过于单一，同时也任务过重，要制定合理的考核方式。本次培训在评价考核方面有所欠缺。

在培训前期没有对参训学员参培需求的调查研究，培训当期缺乏与学员的沟通，在培训结束只有单纯的对签到和心得完成度的考量。不论什么形式的评价都会耗费许多精力，若发放问卷，要设计问卷、打印问卷、然后收回分析，且问卷不止发放一次，那么问卷也就不止设计一次，需要承训单位的用心用力，问卷也只是评价的方法之一。至于评价目的，不仅仅是为了总结，通过不断评价测试，构建一个合理评价体系，在合理的评价体系下，判断培训效果，具体评价培训内容是否对学员有用，学员是否掌握了，可从学员在后续回归岗位后的回访调查中得知，借此来分析培训效果。学员也可进行自我评价，通过学员对自身哪方面是否提升进行评价，了解培训效果。前后自我评价可了解到学员的态度变化，而从学员的态度变化中便可了解培训，发现培训中的瑕疵并及时改正。评价考核体系落实不到位，比如未完成预期任务，且不提国家所布置的关于国培所必须达成的任务，就连承训方自己所设置的任务都未如期完成的单位，需要在一个奖惩机制中受到惩戒而改正。教师培训活动的发展也会受到制约，如学员在参训期间的状态，如对所列课程的学习态度、对培训课程内容的理解程度等，一般是借助自我评价和培训结束后的测评对其评价。对于培训后的评价工作，不得不提到绩效评估，在培训当期，绩效评估会被做得很好，而在培训结束后，学员对培训的回访评估常被忽略。对参培学员进行跟踪调查，需要耗费巨大精力，而许多单位都没有更多精力进行后续跟踪，使得许多承训单位对此选择忽视，培训效果大打折扣。

本次培训中没有具体考核，如考试测评，在与项目负责人 h 老师的沟通访谈中可知，"本次培训没有考核，合格率很高，同时也会产生问题就是，学员的参训积极性会下降，参与度差，关于考核，因为没有考试的条件，阅卷、命题没有具体的规划，缺乏考试的考核形式，所以没办法组织这个考试"。

本次培训的目标完成情况见表 3-4。

表 3-4　本项目目标完成情况

培训人数	实际参训率（百分比）	结业合格率（百分比）	考勤全勤率	优秀学员人数	授课教师测评优良率
76人	96.2%	100%	83.2%	19人	99%

从表 3-4 可知，本次培训的考核指标较为粗浅，同时，项目负责人 h 老师在访谈中也谈道了关于培训结束的回访问题，h 老师的回答是："我们培训的实到率很高，但是有部分老师没来是肯定的，同时满意度的回访也是缺少的，这属于培训连续性方面的问题。我们这个培训没有跟踪服务，所以就没有反馈。"可知本次培训在跟踪回访调查方面做得不到位。

第二节　教师"国培计划"项目实施的基本策略

一、课程开发领域的策略

（一）开发更多针对学科的课程

在国培培训中，承训人员需要对国培培训有一定的了解，如精神、细则等，在培训之初的几天，在培训课程设计中也可添加关于国培的介绍，可以请几位往期国培的参培学员来和学员们交流，让学员们对本次培训的流程等方面有心理准备。同样地，做好前期调研，如对前来参训的教师的具体情况了解到位，了解他们是正处于何种教学条件和对此次培训的各方面需求。国培培训之所以值得研究，也是因为这是一个多变的项目，参培时会有各种情况发生，我国的教师培训机制也要根据每年、每季、每次的培训中的变化，总结吸取经验。制订培训策略最重要的是要考虑学员的期望，教师所在学校对培训目标也有要求，解决他们的当务之急，教师参训的目的不只是实现个人教学技能与态度的提高，学校派教师出去参加培训，也有学校自身情况的考虑，对国家来讲，国培目的是民族未来发展的前进顺畅，而对派出学员的学校而言，也是有学校自己的需求，可能是为建设本校薄弱学科，在该学科上多派培训名额。在本次项目中，笔者发现参培学员有唯一一位音乐学科的教师，而本次培训的所有课程中涉及学科教学的都没有涉及音乐，更多的是语文、数学，而即使是这种情况，参培学员中即使是教授英语的教师都会提出建议说希望能更多地请些英语学科的一线教师来授课。这是在培训当期可以提出的问题，如果在培训的当期承训单位人员接收到这份信息后，及时调整后续的课程，便会及时地解决学员的不满意之处，提升培训效果。需求体现在培训的每一个环节，值得承训单位人员多关注。

（二）增加更多实践课程

"国培计划"要按需施教，学员最需要什么课程，就开设什么课程，由参训学员对培训反馈的调查结果（见表3-1）可知，学员对课程整体安排总体满意，教学内容的具体设计方面，本次项目学员更多的反应是对于实操性课程的需求。所以，承训单位相关人员在前期的课程设计中，需要做很多工作，不仅是根据需求设计好课程，注重学员同时还要在之后立即与相关学校联系到位，一是学员所在的学校，与领导沟通好，让学员们安心地来参训，二是在培训过程中与学员们要观摩的学校进行沟通，安排得当才会培训到位。撤掉在调查调研中知道的不被参训教师接受的课程，进而不断优化，形成完满的课程体系。而本次项目中，更多的关于理念的课程的内容是设计为新教师如何上好课方面的；再者是技能，教学技能的学习并不能只在课堂上听专家教授讲讲就懂，而是需要真实的教学情境，所以在本次项目的微课制作交流课上，学员们表现得积极而主动，争先将自己设计并制作出来的教学课件展示出来，获得认同是一方面，更多的是想利用国培的机会提高这方面的能力。

二、资源建设方面的对策

（一）进一步平衡师资配比

平衡师资配比指培训中所聘请的专家要达到一定比例，《教育部办公厅、财政部办公厅关于做好2011年"中小学教师国家级培训计划"实施工作的通知》中要求，"从省外聘请的专家应不少于总体师资的三分之一，而承训单位所在地的中小学一线优秀教师应不少于总体师资的40%"，同时，"一线优秀教师和教研员在培训项目师资团队中的比重要不少于50%"。之所以有这项规定在于从高校聘请的专家，首先要对农村中小学教育有一定了解，这样在教学中才会尽可能地与学员的实际教学情况相契合，才可能谈得上专家是有相关教育理论优势的，否则来讲课只是风马牛不及。而聘请中小学的一线名师来讲课，最大的优势在沟通上，其中在本次项目中的"新教师怎样讲好一堂课"的讲座中，聘请的专家是高校教授，若是一线优秀中学校长来讲，效果更好。由表 3-1 可知，一线教师在对培训讲师满意度方面普遍较高，对于中小学一线教师的渴求是学员中的普遍诉求。

（二）丰富培训课程资源

分类课程资源有多种方法，但其根本出发点都是为了能在课程时间内有效地解决问题。课程资源贯穿于培训的整个过程，它是培训的课程内容能顺利传达的重要保障。在本次培训中，没有完全契合课程内容的教材，但并不代表不需要培训的教材类资源，反而这类资源还十分重要。培训课程内容并不是惯有的、模式化的素材，而是根据学员的特征、授课教师的专业领域所专门设置的个性化内容。因此培训的教材类资源要及时地分发给学员，以便学员能在授课前了解每一门课程的内容，做必要的预习和准备工作；要注重课程资源的多样性，在培训中，教师和学员只拥有教材、讲义类的资源往往是不够的，培训教师可以通过整理自身的授课资料来充实课程内容；学员也可以将自身的实践问题整理出来形成案例素材，也可通过网络搜集与授课内容相关资源以及利用国家培训资源库，形成授课的课件和视频。与此同时，可以将课内资源与课外资源相协调，培训教师可以提供获取课外资源的途径，如图书馆、一些公众网络上的资源。针对教师培训的授课，培训教师可以用言传身教的方式，利用教学软件开展课堂上的趣味活动、制作简单的教学工具。建设教师培训课程的资源库可以通过开展教师培训和师范教育，整合各种零散的课程资源，根据类别的不同来建立培训的课程资源相关档案，那么教师培训课程的资源库也随之逐步建立。

三、培训方式方面的对策

（一）重视实践教学方式

教师在进行教育这一活动时，需要最大化发挥自身能动性，教师的本职工作是教育。要在教育实践中锻炼教师的教学能力，如到承训单位所在地区的中小学进行试讲、听课，与当地的中小学教师进行交流等。"国培计划"的通知中有明确要求承训单位在承办项目中做出的研修活动要与一定的实践课程相结合。从调查结果来看，参训教师非常喜欢实践教学方式方面的课程诸如案例教学、考察观摩等，因为在实践教学中可以有效地提高他们的教学能力等。

在前测问卷，对于培训方式的需求的调查中，本项目学员超过半数的学员都认为到一线的实践学习是最有效的培训方式见图 3-11。对于观摩参观课，是否有优秀中小学作为实践观摩基地，是学员最关注的。但从当期后测满意度的结果来看见表 3-1，本项目学员对项目中实践教学的所占比例认可度不高，从后测结果可知，教学能力的提升是学员最大的需求，可知重视实践教学，培训才不成空谈。

（二）培训形式应更加多样化

从本次培训结束后测调查结果（见表 3-1）可以知道，在对培训形式的测评中，学员满意度不高，原因在于培训的形式少了，除了单纯的课堂授课之外，培训还可以有其他很多形式，比如学员之间小组交流、走出去参观其他教师授课等，当学员在进行例如师生互动、头脑风暴等形式的培训时，会更多地启发他们的思维，培育教育相关的情感，激发教育创新活力，交流互动可使国培学员之间迅速建立联系，形成共同学习体，当来自不同学校的参培学员在国培中成为朋友，他们就有了更多互相学习、提高自身的机会和契机，如在后期的教学工作遇到问题会互相请教等，实践课使学员直面自身问题，有助于自身教学技能的提高。培训的方式应该实现多样化，从与学员的访谈中知道了学员对于参与式培训方式的喜爱，同样的还有其他多种的培训方式参与式培训形式多种多样，也可以根据需要即兴创造，在参与式培训中，学员与专家之间的合作学习是最主要的形式，能够充分发挥学员参与培训的主体性。以下几种方法在培训中可以用到：

第一，参与式培训：完成专业知识各模块内容、专业能力各模块内容的学习，将参训学员放在学习的主体地位，创造条件和机会，鼓励他们发表各自的见解，真正参与到培训中来。将一定的任务适时地交与学员，鼓励学员带着特定任务完成该单元的学习。第二，案例学习：专家讲座模块的内容、参与培训模块的内容、教育活动设计与实施、课程资源开发与利用模块的内容都可以通过分析典型案例完成学习内容。专家团队在各模块内容的授课过程中设计来源于教学实践的典型案例，帮助学员了解。随着教师培训的大力开展，为了进一步提高培训的实效性，研究者们一直致力于研究怎样的教师培训方式更为有效。图 3-11 是项目受训学员最喜欢的培训模式统计图，从图 3-11 中可以看出，到中小学教学一线实习是受训学员最为有效的培训方式，因此教师国家级培训应该广泛参考、选取多种培训方式。

四、服务管理领域的对策

（一）加强跟踪指导服务

由与 h 老师的访谈及笔者跟培调查，可知本次培训没有跟踪指导，对于国培培训活动，我们应该始终秉持一个观念，培训结束不表示"国培计划"的结束，其仍在通过各种各样的渠道和途径，影响着他们的教学工作。国培项目的承训单位，需在跟培中了解学员参训后在哪些方面有了变化，然后才能知道承训工作中需要改正和提高的地方。其实在培训之后，学员们往往还是有很多疑惑的地方，尤其是本次项目中的新教师们，为更好完善国培的训后指导工作，承训单位一定要进行回访，可以选择在培训结束后一年内的某个时间进行回访，也可在当地教育单位特别设置国培指导点，提高跟踪服务质量。

（二）加强班级建设

从图 3-7、3-10 及访谈结果来看，学员们很希望能够交到更多朋友，和同行有更多交流，同行、同学之间更多的交流可以促进班级文化的形成，如学员 C 在访谈中说："每天晚上没课的时候，其实可以组织一下班级活动，给学员自主交流的机会，就算不是谈论学习，谈论一下自己未来的职业发展，或是在学校的工作感受也是好的。"从图 3-14 可知学员想要严密的组织，即舒适的学习培训环境，想要安静的课堂和课后复习思考环境，在与教师 C 的访谈中可知课堂吵闹引起学员不满，班级管理和学员的良好学习环境应被重视。班级管理方面，学员班级必须有一个好的管理，管理不善，学员的培训满意度也不会高，可通过公开选举的方法在班级中选出班长来协助学校辅导人员更好地进行班级管理。

（三）规范培训管理

国家对国培培训的支持体现在政策上，对于规范培训管理是重中之重，在政协十二届全国委员会第五次会议中，第 0399 号提案答复的函教提案〔207〕第 343 号即提到要进一步强化对学员的管理。通过建立个人电子档案等方式，呈现学员学习过程及成效，完善学员评价机制。针对部分条件不符合要求的学员，学员参训率不高的个别地区，少数学员学习积极性不足等问题，要建立激励约束的管理机制，确保参训学员都能保质保量地完成培训任务。

2013 年 5 月，教育部印发的《关于深化中小学教师培训模式改革，全面提升培训质量的指导意见》中提出，"各地要根据新任教师的岗前培训、在职教师个人提高的培训和骨干教师高级研修等教师发展不同阶段的实际需求来展开具有针对学员自身薄弱方面的培训"。关于规范培训管理，法国学者法约尔曾谈道过管理的定义，他认为所谓管理就是制定计划，并准确地实行计划，其中管理者的作用非凡，要及时组织人员，如在培训伊始要及时地组织志愿者、班主任、助教来熟悉流程，当学员来时该做什么、该怎么做，这也需要负责人的指挥，在后续的培训中，负责单位的管理体制的作用在此凸显。规范的管理需要让国培管理部门注意到，对于培训目标必须清楚，为此教育部多次印发通知。

（四）重视培训能力建设

培训的实施是教学培训项目的最重要环节，项目成功与否取决于培训工作开展，因此培训单位要重视能力建设，不断对培训内容、培训方式及评价考核制度等进行创新优化。设置课程要深入教学第一线进行调研，要依据成人的特点并从农村小学教师的实际工作情况出发，注重解决农村小学教育所面临的实际问题，明确培训主题，紧紧围绕培训主题设置课程内容。把学员需要放在首位，组织者在进行课程设置时可邀请参与培训的学员来设计，选择培训方式时，要根据培训内容而定，教学形式方面，方式的选择要多变，尽量避免单向讲授形式，更多地转向师生交流互动，运用多样化的教学形式，要运用突出教师的参与性、操作性和经验性的培训方法，此外还有培训方式的选择面，要考虑农村中小学教师的实际需要，变被动培训为主动培训，多设置以提升学员教学能力为主导的培训方式。

掌握具体的培训管理规则是培训者首先要做到的，只有这样才能在培训中发挥主导地位，才能在第一时间解决遇到的突发问题，才能提高教师培训的有效性。判断一项中小学教师培训项目是否有效，关键看在该培训中是否有一套完善的教师培训管理制度。制定完善的培训管理制度，使培训在开展中能一直沿着既定目标前进，凡是目标不明确、思路不清晰和针对性不强的培训，在资金上一律不予支持，因为只有在开口严格把关才能达到预定的效果。

五、绩效评价领域的对策

（一）发挥经费杠杆作用

如何最好地使用经费，即根据目标来使用，同时也要注意经费杠杆的衡量，经费杠杆实质是负债比乘数效果的双向杠杆。经费杠杆的概念离不开一个词，就是"负债比"，当负债比越高的时候，杠杆效果就越大，当运用原财务计划施训后取得的效果达到或高于预期时，即经费杠杆运用得当，可知组织要严肃看待培训项目过程中的每一个环节，尤其随着项目增多，或为后续项目的承办积累经验，组织者要谨慎评估项目中的每一个环节，因为任何决策都会影响负债比、回报率。通过有效运用经费杠杆，使得产生相同效果，有赖于项目组织者根据各项资金指标及培训效益综合判断衡量。

（二）落实培训经费

国家对国培的支持体现在经费上，充足的经费使得培训能够顺利进行。国家是真实地投入了 5.5 亿到"国培计划"项目，充足的经费，保障了学员在培训中好的学习条件等，学习条件这部分属于日常生活费用，营造好的培训环境，培训效果才会好，同时经费也要多利用在聘请专家上。在经费问题上，笔者在本次项目的跟培观察中发现，虽然国家拨款充足，但是下拨速度迟缓。明确思路培训，了解培训重点，在经费上才有严格的把控。

"国培计划"是一项特殊且变动大的项目，需要长期进行下去，变动大也是它的最大特点。规范的培训管理能让负责团队不惧变动，遇事能迅速解决，在培训中掌握主导，这样教师培训有效性在整体上才能提高。第 0639 号提案答复的函教提案〔207〕第 34 号中也明确指出，要加强培训经费管理，培训经费管理工作受到教育部的高度重视，提出要建立健全教师培训经费管理制度。2016 年，财政部、教育部联合印发《中小学教师国家级培训计划专项资金管理办法》，从使用原则、基本用途、支出范围、监督检查等方面，规定了"国培计划"的专项资金的使用。同年教育部印发《"国培计划"示范性项目资金管理办法》，从使用原则、支出管理、绩效评价与监督检查等方面对"国培计划"示范性项目资金使用进行规定。

（三）引进第三方评估机构

第三方评估机构具体指对国培培训进行质量评估的专业评估团队。由第三方制定评估体系和评估准则，这样可很好避免教育部门因主观因素在制定评估指标和准则时缺乏科学有效性。另外，"国培计划"的承办单位多为高校，他们和教育行政部门在常规工作的接触中有着千丝万缕的关系，引入第三方评估除了能起到更好的监督作用外，还能使评估结果更加具有专业性和公正度,教育行政部门既是国培项目的组织者又是其质量评估者,特殊的双重身份使之集责权于身,容易造成评估中责任缺失的问题。第三方的加入,不仅对评估过程起指导作用,对评估结果起监督作用,还能解决评估过程中的问责缺失问题。统一他人评价与教师自我评价,评价主体的多元性能确保评价的全面性,同时教师自我评价也突出了教师的能动性。终结性评价与形成性评价相统一,终结性评价在同一时间从多侧面、多角度对教师的工作纯净与基本素养进行全面、客观的评定,收集参训学员在参加培训期间一段时间内的稳定信息,会容易进行横向比较,为培训提供有依据的反映阶段性情况的意见,形成性评价引导教师积极主动在其培训中不断地进行反思与改进,及时发现培训中的障碍,主动探究真实情境下的实践问题,记录培训过程中的经验与教训,在反思中体验成长。再是要开展培训效果评价。同时,国培培训在实施中,教育部也会采取派专家来进行实地调研、学员匿名评估、对项目实施过程及成效进行绩效评估等方法,而绩效评估的结果则会作为承训单位和项目区县在后续国培项目实施中调整的重要依据,以确保培训实效。

第四章 湖南教师"国培计划"的实施背景与方案

第一节 湖南教师"国培计划"的实施背景

一、农村教育发展的需要

农村是生产力发展到一定阶段的产物、社会的基础。国家要实现现代化，那么首先要从农村开始，而改造农村必须从农村教育入手。中国14亿多人口，大多数人生活在农村，因此在农村上学的学龄儿童占一半以上。农村教育成了教育必然工作的重要部分，农村教育发展了，农村就有希望了。但我国农村教育发展基础相对比较薄弱，广大农村教育资源缺少，无法满足农村人口接受教育的需要。教育资源分布不均衡，东部西部、城镇农村等地区资源分布存在较大的差异。随着农村基础教育的教材改革，基础课程的逐渐推出，农村中学不仅对优秀教育资源有着迫切的需求，而且对教师的教学水平有更高的要求。国家意识到这些薄弱环节并不断改进。2010年，国家出台并实施的《国家中长期教育改革和发展规划纲要》，把加强教师队伍建设作为教育发展改革的重要保障措施，提出建设高素质专业化教师队伍的战略任务。在随后的工作中，各级政府把农村的教育事业放在重要位置，整个教育事业呈现出蓬勃发展的新局面。国家于2011年全国推行实施"国培计划"。"国培计划"是落实全国教育工作会议和教育规划纲要启动的第一个教育发展重大项目，是建设高素质专业化教师队伍的一项重大举措，对于提高教育质量具有重要意义。2011年2月21日，中共中央政治局第26次集体学习时再次强调，各级党委和政府应将推动教育优先发展作为首要事情来看待。以更大的决心，更多的财力，更多的努力来支持教育，研究和解决教育改革出现的重大问题和群众关注的热点问题，工作落到实处，促进教育科学发展的政策必须着眼于建设高素质的教师队伍，提高广大教师教书育人的责任感和使命意识，提高教师的专业理想和道德教育，提高教师素质和业务水平，注重宣传，倡导良好的社会氛围。要动员全社会关心和支持教育事业改革和发展，为把我国建设成为教育强国和人力资源强国而共同奋斗。

二、教师队伍建设的需求

以我国教师队伍的现状看：教师的教育水平低，而许多发达国家的教师至少具有大专文化程度。小学和中学的教师资格学历要求：小学教师要有中师层次，初中教师至少要有专科文凭，高中教师本科学历。据教育部统计，2003 年我国中小学教师没有达到合格的学历的教师仍有一部分，且学历达到合格的教师，在素质方面也存在部分问题，教师队伍的专业化程度不高。教师的教育思想、旧观念、教学方法都受到应试教育的影响，更多教师缺乏系统的教育学、心理学、现代教育技术等方面的知识。因此，我们要加强中小学教师培训，尤其是农村中小学骨干教师的培训，而"国培计划"是国家这个大环境下必然的产物，通过"国培计划"，使我国尽快建立一支足够数量且质量好、结构合理、科学配套、可持续发展的小学和中学教师队伍。从教师的成长和发展来看：一般在第一个五年或者六年里，教育和教学经验是逐渐上升的，之后教学效果随着年限的增加，有逐渐下降的趋势。如果教师不继续学习，即使再任教二十年，也不会有太大的进步，且会有衰退的迹象。可见，教师进行长期不间断的继续教育，是消除教师成长过程中，迷茫且平庸的时期，不断提高教师能力和教学水平的重要途径。

三、自身专业技能的提升

在这个知识信息时代，教师的知识要不断地更新。20 世纪 80 年代后，许多国家纷纷加快了教师专业化建设步伐，建设过程中提出了不同的建设标准，目前这些标准和目标没有统一的表述。归纳和总结出以下几个方面：一是专业的成熟程度、分化程度，其中包括成熟的专业知识、技能水平、专业组织、制度成熟性和专业精神水平。二是专业的经济待遇，社会地位和职业声誉，以及由此产生的职业吸引力。农村教师长期在农村工作存在着较多的问题，只有不断地通过学习来提升自己的专业技能。

首先，现在农村教师在实践中存在着理论结合不了实际的问题，往往理论方面的知识更新得慢，在思考班级问题、学校的发展情况、自己的知识储备各方面觉得不能满足。其次，大多数的教师因为教学内容的不断更新，教学目标、教学内容的改变，很多新的知识、新的能力自己掌握不了。最后，长时间在一个熟悉的工作环境里待着，会有厌倦感，失去目标，缺乏内在动力。因此,应通过"国培计划"来引导农村中学骨干教师,主动去探求新的知识,更新教学理念,在教学过程中增进学员自身的自我反思、自我批判和创新创造能力,以及加强为学生服务的思想。

第二节 湖南教师"国培计划"的实施方案

一、"国培计划"培训单位基本情况

湖南省骨干教师"国培计划"连续两年都由吉首大学体育科学学院承训。吉首大学体育科学学院创建于 1978 年,现有 2 个本科专业(体育教育和民族传统体育),3 个硕士点(民族传统体育学、体育人文社会学、体育专业硕士),3 个基地(国家民族体育重点研究基地、湖南省少数民族传统体育基地、跆拳道柔道训练基地),1 个实验室(省部共建民族传统体育优势学科实验室)。

学院拥有 7 个教研室(民族传统体育、运动人体科学、球类、体操、体育人文社会学、田径、大学体育);有现代化的实验室 6 个(省部共建民族传统体育优势学科实验室、运动保健、运动生理、运动心理、运动力学、运动技术分析)。有可容纳 3000 个座位的体育馆一座、综合训练馆一座、400 米标准田径场 2 个,体育场馆区占地约 50000 平方米;体育教学器材、仪器设备资产总值约 10000 万元;专业图书资料室藏书 30000 余册。学院各类在籍学生 1000 余人;教职工 71 人,其中正教授 10 人,副教授 29 人,博士 5 人,硕士学位 44 人。学院在教学、科研、管理等工作方面取得了显著成效。体育学为湖南省重点学科、体育教育专业为省级重点专业和省级特色专业;获国家教学成果二等奖 2 项;湖南省教学成果一等奖 2 项、二等奖 2 项;《民族传统体育课程》《篮球课程》被评为"省级精品课程";《民族传统体育系列课程教学团队》获国家级教学团队;先后获"全国教育系统先进集体""湖南省民族体育先进集体""湖南省先进基层党组织""湖南省芙蓉标兵岗""湖南省优秀教学团队"等荣誉称号。学院有享受国务院政府特殊津贴的体育学专家、教育部"新世纪优秀人才"、"新世纪百千万人才工程"国家级人选、国家社科基金项目评审专家、"全国先进工作者""全国教育系统劳动模范""全国模范教师""全国师德先进个人"及湖南"121 人才工程第一层次人选"、湖南省"首届青年社科专家"、湖南省"教学名师"2 人、湖南省"徐特立教育奖"、湖南省"教学能手"3 人、湖南省"青年骨干教师"9 人；获国家社科基金体育学课题 19 项、国家体育总局课题 24 项、省厅级立项课题 60 余项；在省级以上刊物发表论文 600 余篇，其中核心刊物 160 余篇，13 篇论文被《人大复印资料》全文复印，6 篇被《新华文摘》全文转载和摘登；出版专著、教材 25 部；获省级优秀社科成果奖 1 项；国家体育总局体育社科优秀成果奖 3 项。学院挖掘整理的民族传统项目"高脚竞速"被列为全国民运会竞赛项目。2005 年，学生参加全国体育教育专业大学生基本功大赛获团体总分二等奖，其中外语、计算机、体育理论知识、理论知识类 4 项第一名、湖南省大学生"挑战杯"创业大赛二等奖、湖南省体育教育专业大学生论文报告会连续三届团体第一名。校级立项课题 44 项，其中省级科技创新项目 3 项。在省级等各种刊物上发表学术论文 50 余篇、健美操队、武术队、排球队、舞龙队在省部级以上的各类竞赛中获得奖数达 314 人次，其中获国家级奖励达 134 人次、考取研究生学生数多达 70 余人。

二、"国培计划"指导思想与目标

在教师培训的整体素质改革和发展的新时代，对这个时代提出了新的要求。"国培计划"的实施，成为提高农村中小学教师整体素质的重要举措，它对促进基础教育的改革具有重要的意义。国家实施"国培计划"，旨在发挥示范引领、"及时雨"和促进改革的作用。通过实施"国培计划"培养一批"种子"教师，使他们发挥模范带头作用，推进素质教育发展，优化资源，创新模式和方法。推进全国的中小学教师培训，重点加强对中西部农村中小学教师培训，鼓励和引导各地方完善教师培训体系，积极开展农村教师培训，提高农村教师的师资队伍，从而促进教师素质，让教师更好地服务农村教育。

培训基地以国家教育政策法规为依据，根据《教育部、财政部关于实施"初中教师国家级培训计划"的通知》和《"国培计划"——中西部农村骨干教师培训项目湖南省实施方案》的要求，落实教育改革纲要，让中西部地区农村体育教育事业更好地发展。坚持"德育为先、能力为重、问题为中心、持续发展、资源共享"，充分发挥省内外知名专家、特级教师的资源及作用，以农村初中体育教师专业发展中存在的问题为现实背景，为农村初中体育骨干教师设计具有实效性、高质量、内容合理丰富，模式创新的培训项目，为中西部农村初中体育教学培养一支高水平的骨干教师队伍。

通过"国培计划"，使参训学员加深对新时期体育课程改革的理解，提高初中体育骨干教师的职业道德水准，夯实专业基础知识、拓宽学术视野；能在推进初中体育课程的教学改革，调整和改革初中体育课程教学的理念、思路与方法中更好地发挥骨干带头、示范辐射作用；切实提高初中体育教师的教学指导与实践操作能力，推动初中体育教学改革。

三、"国培计划"课程设置与形式

"国培计划"旨在充分发挥示范引领、雪中送炭和促进教师改革作用，让教师培训在全国范围大规模开展，提高教师队伍的整体素质。

培训基地在课程设置上首先树立先进培训理念，促进骨干教师专业发展。借鉴和学习国内先进的教师培训理论和实践。以终身学习和教师专业化理论为指导，总结骨干教师培训经验，强化专业引领、经验分享、反思提高的培训理念，突出研培结合。按照"面向全员、突出骨干、倾斜农村"的原则，突出重点；坚持以师德教育和"新理念、新课程、新技术"为重点内容，力求科学合理地设计培训课程，精选培训内容，开发培训资源，最大限度地满足不同层次和不同类型教师的实际需要，使广大骨干教师都能在培训过程中学有所获，学有所用。最后是更新培训手段，变革培训模式。以信息化带动骨干教师培训的现代化，充分发挥"网联"在骨干教师培训中的作用；坚持培训与教研、教改相结合，集中培训与分散培训相结合，短期面授和长期跟踪指导相结合，不断创新培训模式。根据基地培训指导思想，在培训内容制定方面有理论与实践两大部分，包括七大模块：初中体育课程改革与发展动态；课程教学设计与现代教育技术应用；中学体育教学研究与科研能力；体育专业技能教学与实践；民间体育课程利用与推广；案例分析与一线优秀教师教学经验交流；师德与"体育文化人"素养。

培训基地课程研修形式有六方面：第一，理论引导。理论引导有几个阶段，从理论宣传到理论内化，再到理论转化为实践，最后总结并进行理论创新。目前参加培训的教师主要在理论内化及理论转化为实践这两个阶段。第二，采用双导师制。意思为每个学员都有两位导师负责，一位为理论导师，负责教师的教学科研，增加新的理论知识的指导，另一位为实践导师，由资深教师或中学特级教师来担任，主要解决学员在培训中的术科或者工作中遇到的问题和教学困惑。在整个过程中，导师根据自己学员的实际情况进行相应的指导。第三，案例教学。通过撰写优秀教学案例与教学实例，运用视频教学案例，展示非结构化的知识，在多元视角的研讨中，在观点的碰撞中提升教师分析问题、解决问题的能力，把贴切的案例剖析与精要的理论诠释有机结合起来。第四，术科教学。通过各运动项目的必修，加强并提高农村体育教师的术科水平；通过新兴运动项目的选修，拓展培训学员的视野，有利于今后结合当地学校的特点开发一些校本课程。第五，教学实践。让参训学员到实训基地，通过"导师示范——教学诊断——教学提升"的师徒结对实践培训，提高学员的课堂教学能力。第六，读书沙龙。提高阅读能力是提升教师专业素质的途径，导师根据学员不同的阅读层次与水平，给学员提供相应的书名，让学员做好读书笔记，定期组织学员开展读书沙龙的活动。沙龙应推选主持人，活动由学员自主策划。

四、"国培计划"管理机制与模式

为了保证"国培计划——骨干教师研修项目"的有效进行，培训基地特成立"国培计划"项目领导小组，由培训学院会同体育科学学院组织实施，办公室设在培训学院，体育科学学院负责落实研修任务。配备良好的后勤保障，配备专职的后勤管理人员负责培训期间的医疗、保卫等工作，提供完善的后勤保障服务，解除学员的后顾之忧。开班报到：工作人员全天加班接待，专车迎接学员，送达培训地点完成报到入住。住宿条件：学校为"国培计划"学员安排了新修的四人间（有空调、洗手间等设施）；统一开餐，组织参观湘西文化景观，开展各种体育文艺活动，校医院随时准备为学员服务，教学设施配备齐全，校园网络免费向学员开放。培训基地实施"国培计划"项目负责人负责制，由"初中骨干教师研修办公室"吉首大学"国培计划"具体组织实施，配备专职教务秘书和班主任，全程负责研修的教务工作及班级管理，建立吉首大学"国培计划"初中体育骨干教师研修管理制度。

加强对骨干教师研修的科学管理。实行骨干教师研修证书制度。各级参培骨干教师经研修部门的综合考评成绩合格者，由研修单位或教育行政部门颁发骨干教师研修的合格证书，该证书作为各级教育行政部门认定骨干教师、学科带头人的必备依据。建设骨干教师信息管理系统。各研修机构或教育行政部门，要加快骨干教师网络管理系统的开发，由专人负责管理系统的建设，进一步加强骨干教师信息管理。实施骨干教师动态管理。在严格考核、及时准确掌握骨干教师信息的基础上，在保持数量充足、质量优秀的前提下，动态管理骨干教师，进行滚动式研修。

强化对骨干教师研修的质量管理。实行骨干教师研修考核制度。各级教育行政和研修部门要对骨干教师研修工作认真考核，严格监督，确保各级骨干教师研修的质量。建立骨干教师跟踪指导制度。研修机构应在集中研修结束后，对研修对象开展为期半年的跟踪指导，跟踪指导应有明确的要求和可行的计划，包括专业指导、提供信息、咨询服务和研修效果评价等。引入骨干教师竞争机制。在公开选拔、考核认定的过程中，实行差额评选的办法，使真正优秀、作用突出的教师成为骨干。实行研修与考核相分离。骨干教师由研修机构按规划进行研修，教育行政部门或骨干教师考核小组负责研修考核，并以此作为考核研修机构的一项重要指标。

加强骨干教师学习与资源平台建设。启动教师教育网络联盟，构建以学校信息管理中心为主体，以县、区级教师学习与资源中心为支撑，以初中校本研修为基础，整合各方优质资源和多种渠道，与全国全省教师教育网络联盟相衔接，覆盖农村，开放高效的教师教育网络体系，以信息化、专业化促进湖南骨干教师研修的现代化。

定期召开研修工作座谈会。听取参培人员对研修组织管理的意见和建议，总结经验，完善管理，确保研修成效，建立研修档案。建立吉首大学"国培计划"初中体育骨干教师研修网络交流平台。

根据学员在研修期间的综合表现评选优秀学员。学员按规定学完所有课程，经考核合格者，颁发由教育部监制的"国培计划——2010年初中体育骨干教师研修"证书，考核优秀者颁发"优秀学员"证书。

五、"国培计划"培养创新与特色

"国培计划"以体育教育师范性和函授培训为依托，以省级"重点专业""特色专业"精品课程为平台，以民族传统体育学、体育人文社会学、体育硕士点为支撑的优势。结合《新课标》引领课改新观念，注重研修目标的实用性，突出研修内容的前瞻性，实现研修形式的多样性。

"国培计划"以湘西州中小学优秀骨干教师研修基地为依托，以体育教育专业实习基地、湘西州体育学校训练实践基地为平台，以国家民族体育重点研究基地、湖南省少数民族传统体育训练基地为支撑的资源，将传统体育教学方式融入现代教育技术中，积极探索、创新，体现研修"新、活、实"的特点。

"国培计划"以资深教授、专家、一线优秀骨干教师为依托，以"全国先进工作者""全国教育系统劳动模范""全国模范教师"、湖南省"教学名师"为首席专家，组建一流的研修团队，把初中体育教育《新课标》的灵活性融入本土文化之中，形成具有地方性、民族性的研修课程体系。

第五章 湖南省"国培计划"教师培训的开展创新

第一节 以行动导向推进骨干教师培训

教育的关键是教师，教育发展的关键是教师队伍稳定和质量改善。只有教师优秀，教育系统才能卓越。基于提升教师培训实效性和针对性的需要，在承办教育部示范性教师培训项目的实施过程中，以行动学习为主要工具，创新教师培训的方式方法，驱动参训教师积极行动，在行动中反思，在反思中改变，在改变中提升，探索优化了行动学习模式的流程设计，创新了教师培训的思路，夯实了教师培训的效果。

一、培训思想

（一）传统培训的弊端

教师培训是推动教师专业发展的重要途径。依据有关学者的结论，教师"自身的教学经验和反思"及"和同事的日常交流"是他们发展自身的教学知识的两个最为重要的来源；"在职培训"和"有组织的专业活动"也是相对重要的来源。2009年以来的"国培计划"，贯彻"雪中送炭、示范引领、促进改革"的方针，对于我国教师素质提升和结构改善都起到了重要的助推作用。然而，与我国教育发展需求、国家宏观战略期待相比，当前教师培训仍然呈现出整体无序、低效的局面。这主要体现在：首先，教师培训内容、目标偏离教师实际需求。在教师培训实施中，培训者要么过于重视理论知识的讲授，忽视实践经验的转化和操作训练，要么屈从实践经验，缺乏必要的理论提升和引导。同时，培训设计中还存在培训内容程式化倾向严重、培训目标与参培教师的水平和层次不相符合等弊病。其次，培训方式、方法多"输送"与"传递"，少"建构"与"生成"。过多的"输送"和"传递"，其实质是教师培训的主体性迷失。在事关教师自身成长和学校发展的事务中，教师被剥夺了话语权，成为培训实施中的"他者"。再次，培训者队伍重外在资源引入，忽视本土力量和资源的建设。"输血"型的教师培训最多只能解决教师的一时之需，却无法提供常态指导服务，容易导致学校"内生"力量越发薄弱，并由此形成恶性循环。最后，培训更多关注教师个体成长，难以撬动组织变革。

（二）行动学习的理论渊源与实践空间

行动学习是在 20 世纪 40 年代由英国的管理思想家雷格·瑞文斯提出来的，其提倡"用真实的人，在真实的时间，解决真实的问题并取得真实的结果"。他将行动学习用方程式表示为 L（学习）=P（程序性知识）+Q（洞察性提问）。其中，L 是指 learning，意为学习；P 是指 programmed knowledge，意为程序性知识；Q 是指 questioning insight，意为洞察性提问。马奎特等人将行动学习方程式改造为：L=P+Q+R，即在瑞文斯行动学习方程式的基础上添加了批判性反思（reflection）流程。在行动学习的倡导者看来，它作为组织解决重要、复杂问题的工具，对于领导力开发、团队建设和组织能力提升有着重要的作用。

行动学习的主要理论基础是学习经验圈理论。经验学习理论主要有库伯的经验学习圈理论、戴尔的"经验之塔"研究等。20 世纪 80 年代初期，美国组织行为学教授库伯在总结杜威、勒温、皮亚杰关于经验学习研究理论的基础上提出了经验学习圈理论。

库伯将经验学习模式描述为四个阶段：（1）具体经验；（2）反思与观察；（3）抽象概念化；（4）积极实践。库伯认为学习者应在这四个阶段中往复循环，从而产生不断上升的复杂体的学习螺旋。20 世纪上半叶，戴尔等提出了关于视听教育的"经验之塔"理论，并在 20 世纪 60 年代末进一步完善了该理论。著名心理学家布鲁纳把戴尔的"经验之塔"中十多个不同层次的学习经验进一步浓缩为三个类别，并从教学活动的角度设计了一个与戴尔"经验之塔"平行的说明性图解。

在教师培训中应用行动学习模式，我们还必须要回应教师发展的"实践反思"的行动逻辑。为此，我们倡导教师培训回到教师实践中去，形成在实践中反思、在反思中行动的教师实践发展观。实践也可以有自己的理论形态，以实践为取向的理论与认识取向的理论突出的区别，就在于它需要保有实践的充盈、丰富和生动，而绝不是仅仅去寻找一个被"压瘪了的存在"。舍恩的"反映的实践者"这一核心概念为教师作为专业工作者在行动中思考提供了很好的理论和实践指导。按照舍恩的说法，"反映"有映照的意思，如同一面锃亮的镜子或一波清澈的湖水般"映照"出"我的实践"，这种映照不仅指涉思维，而且涵括了思想、情感与行动的对话活动；这种映照也不单指事后的思考、总结，也蕴含在行动现场的双向建构过程之中。依据舍恩的理论，"反映的实践者"最终的表征是成为"实践脉络的研究者"，而为了成为"实践脉络的研究者"，意外经验的刺激和辅导教师的指导成为不可或缺的两大因素。

　　行动学习的初衷就是通过帮助管理人员（包括参与管理的人员），借由小组模式解决尚未有答案的实际问题，来提高他们提问的洞察力。基于教育问题解决的教师培训，不仅打破了单方面的知识接受，还将教师置于教育情境中，以情境性问题为培训的起点，在问题解决中建构教师知识，实现教师的真实发展。行动学习主张程序性知识（P）、洞察性问题（Q）与批判性反思（R）相结合，提倡教师知识的情境性、生成性、建构性和社会性，有利于克服传统的教师知识观过于强调教师知识的客观性以及知识过程的传递性的缺陷。

二、行动学习在示范性培训项目中的应用实践

（一）示范性培训项目的内在要求

　　根据教育部项目办的通知要求，示范性培训项目要贯彻落实"国培计划"改革实施总体要求，遵循教师专业成长规律，紧密围绕各项目参训学员的需求，参照"国培计划"课程标准进行设计。要加强实践性培训，实践性课程原则上不少于50%，确保培训针对性。要创新教师培训模式，采取参与式、研讨式、案例式、情境式、体验式等多种方式，大力推进实践性培训，强化基于现场的培训环节。如何落实"实践性课程"、如何"创新教师培训模式、如何"推行混合式培训"等，这些都是需要各个承办单位在实践中大胆探索的重大议题。我们发现，基于行动学习的能力空间，在培训实施过程中根据项目需求优化流程设计，是破解以上难题的可行路径。

（二）行动学习模式的流程优化设计

　　行动学习最初在企业培训中得以大规模实践，形成了多样流程管理方式，但在教师培训中并没有成熟的可资借鉴的模式。经过充分的前期调研

和需求诊断,我们在承办示范性一线优秀教师培训项目时,继续规范实施,将短期集中培训流程明确为"需求调研""团队组建""理论引领""课例研修""成果展示"和"拓展反馈"6个环节。其中"需求调研"为训前的环节,"拓展反馈"为训后的环节,其他4个环节为集中培训期间具体实施环节。并且,项目组在实际操作时以行动学习理念和方法优化设计了12个具体步骤的路线图以及数十个配套的应用工具(见表5-1):

表5-1 行动学习模式的流程优化设计

培训环节设计	行动学习路线图	应用工具箱
(1)需求调研:培训团队通过深入学校现场、回访学员、电话邮件等途径,以课堂观察、师生访谈、工具测评等具体方式进行诊断,找准学科教学存在的突出问题。特别是对参训学员进行科学的训前测评,掌握学情,探寻其"最近发展区"。问题诊断后,确定培训主题、培训课程、遴选专家团队,制定研修方案等,做好培训实施准备工作	①项目筹备:开好启动会,获得行政资源支持;以首席专家为核心,建立项目管理团队,明晰分工职责,凝聚团队共识;建立并培训专兼职行动学习引导团队	鱼缸会议头脑风暴
	②调研分析:深入学校采取多种方式进行调研,利用 SPSS、结构方程模型、NVIVO 等软件对调研的量化数据和质化数据进行科学分析,依据规范流程进行问题诊断,科学确定培训项目的愿景目标。邀请校长、教研主任、教师进行访谈,了解学校和教师真实情况,修订项目方案。	课堂观察深度访谈调研问卷分析工具
(2)团队组建:组建富有充分自主性、行动力的学习型团队,是行动学习推进的关键。努力构建扁平化的管理结构,依托学习小组为主要的行动单位,凝聚团队共同愿景、制订团队发展规划、约定行动路线、规范行动准则等	③小组建设:以"异质同组、同组异质"为原则组建学习小组,考虑年龄、地域、职位、性别、性格等各方面的差异性,进行团队建设活动,引导学员进行自我分析,对学习做出承诺,确定小组行动目标。	团队活动SWOT 分析学习承诺书
	④奖惩公约:分小组研讨,以众筹方式,汇集教师智慧,制定考评和奖惩公约,作为行动学习准则,带动激励学员自主学习、合作学习	思维导图
(3)问题聚焦:通过头脑风暴等方式,聚焦学科教学和教师培训的真实问题,以小组为单位,优化团队组合,将研修任务具体化。发现问题是行动学习最核心的环节,问题必须是教育教学实践中的重要而紧迫的真实问题,并具有可改进的空间和研究价值	⑤头脑风暴:在理论引领和示范教学基础上,以具体教育教学改进为任务,明晰小组学习主题,继续挖掘和聚焦真实问题,激发教师智慧,并对问题进行归类组合,提炼优化,形成小组共同的行动思路	六项思考帽
	⑥行动计划:在团队共创框架式思路的基础上,制定具体的行动路线,明确各小组成员的职责分工、确定小组行动策略和资源准备等	群策群力团队共创

（4）以新版课程标准为指导，对照"国培计划"课程实施标准，以课堂教学能力提升为基础，以课堂教学指导能力为重点，确定具体的研究课例，将研修任务分配到各个学习小组，组织学员研课磨课、观课议课，引领学员在实践中反思和提升	⑦任务驱动：以研课磨课为任务，要确立每个学员的任务驱动，要撬动校本研修，同时，培训团队安排指导专家深入学习小组指导和督导；学员带着任务学习结合自己的工作实际来整合推进	欣赏式探询聚焦式会谈
	⑧反思沉淀：在行动中积极反思，引导教师透过现象看本质，及时对课堂教学经验进行归纳、总结和反思，努力提升理论素养，强化教研意识	心智模式思维导图观课议课
（5）成果展示：专家团队指导下的学习小组开展集中培训阶段性研修成果展示，采取说课、上课、评课等方式展示教学改进成效，通过微海报、微课例、微案例、微故事等展示研修成果	⑨课例展示，分小组多个层次设计成果展示方案；鼓励多样化的特色成果展示方案；特别鼓励学员在成果展示过程中的提问、质疑和生成	视觉呈现
	⑩资源整合：物化行动学习成果，鼓励学员用心得、简报、课件、论文、演讲等方式将行动成果固化，建立资源库，提升学习共同体凝聚力	知识管理
（6）拓展支持：项目组对集中培训工作进行系统总结，梳理经验、反思问题、明确改进方向，生成代表性成果，指导学员制订下一年度研修计划和个人发展计划。通过组建线上学习共同体，构建混合式学习环境，做好跟踪指导工作，提供机会和舞台，为学员搭建良好的发展平台	⑪复盘提升：项目组及时总结提升，邀请学员积极参与，自主决策和评价学习过程，重视对整个行动学习的回顾和反思	欣赏式探询复盘技术
	⑫跟踪指导：通过回访、学习共同体支持，发挥"种子教师"作用，增强辐射效果，提高教师的教育教学能力、科研能力和指导青年教师的能力。同时，通过线上学习共同体，引领学员探索未来发展空间，链接新的行动学习进程	冰山模型学习共同体

应该说明的是，项目实施的6个环节与行动学习的12个步骤并非完全对应，在操作过程中，个别步骤与环节可能会有次序变动。提供的行动学习工具箱也需要培训者根据实际需要选用。

（三）实施效果

在教师培训中应用行动学习理论是一种新的尝试。近年来，职业院校在承办的教育部示范性项目和中西部置换脱产研修、短期集中培训、送培到县等各类项目中创新应用行动学习方案，均取得了不错的效果。

因为行动学习的启动，参训教师得到了丰富多样的参与、体验、展示的机会，他们将学习与自己的工作紧密联系起来，通过合作探究解决教育教学的难题。在培训中，我们能明显听到学员生长拔节的声音。

云南怒江的杨海兰老师第一次走出家乡参加培训，在培训后感言："从教十四年以来，我确实体会到老师们所说的'高原反应'所带来的备受折磨的滋味——身心疲惫、情感压抑，甚至迁怒于身边的亲人，总是用挑剔眼光来看待周围的一切……人最大的敌人不是别人而是自己，（在培训期间）我以一个全新的自我回去面对我的那群孩子们，我决定放开自己，自己走出来。说实话连我自己都不敢相信在国培的课堂上我会变得如此轻松、如此积极大胆，面对我们的贫穷是如此坦然没有自卑。在课堂上，认真听专家们传授知识和方法技巧并记下自己的收获和所得。短短十天与专家老师们的合作探究学习交流分享，我认清了我是谁、我应该是一个什么样的老师、我在哪里、我要以什么样的方式和状态去从事教育能够更幸福更快乐地生活着。不枉此行，我感谢国培感谢专家老师们，是你们让我得以蜕变，让我的教育事业得到重生！我立志要做一个迷恋孩子成长的老师，做一个有自己风格的老师，要做一个有思想的老师，这样我才能走得更远！"

福建厦门的张丽芬老师在培训结束的那天写下这些文字："这时候从头回忆起的话，我不知道要从哪里开始说了，那么多的点，那么多的震撼。第一天的破冰活动，互相认识，互相支持，互相信任，瞬间瓦解了主持人的阴谋，虽不是十八，却胜似十八，于是，接下来的几天里，我都忘记了我和我们是几岁了。培训的内容也许可以是满汉全席，但是，设计者精心选择了我们需要而且我们能践行的当代教师素质、师德、如何上好一堂课、PPT制作、培训师的气场等内容。因为共鸣，我们争锋，上课过程中，班级有了麦霸，有了'毫无素质'的打断；因为投入，我们忘记时间，借用凌老师的一句话，'都六点多了，还专心听课的学员，了不得'；因为参与，我们成长，感谢我们的培训老师们，感谢我们那些勇于分享的学员们，你们注意到了吗，就在今天，即使无比害羞的乐景文老师，也拿起了麦克风。"

更重要的是，一大批学员在接受培训后，在培训团队的专业引领下，继续依托学习共同体支持，夯实和拓展自我专业发展的路径，在当地起到了极好的引领示范作用。其中四川宜宾的思想品德学科教师李敏在2012年参加培训之后，及时将研修行动方案应用到所在的学校课堂教学改革中，并在当地积极进行宣讲和示范，产生了良好的社会效应。李敏老师个人的成长也突飞猛进，从一名默默无闻的乡村教师，成长为琪县的思想品德学科首席名师，并在 2017 年被评为四川省特级教师。

随着行动学习培训模式不断优化，各地职业院校承办的示范性一线优秀教师培训能力提升项目也连续在教育部的学员匿名测评中取得好成绩。

2014 年，初中思想品德学科在教育部组织的学员匿名测评中位列同类项目全国第四名，本学科排名第一；2015 年，初中思想品德学科在教育部组织的学员匿名测评中位列同类项目全国第六名，本学科排名第一；2016 年，小学语文学科在教育部组织的学员匿名测评中位列同类项目全国第三名。

（四）培训反思

在教师培训中应用行动学习工具，具有极强的实践意义，但也存在较大的优化和改进空间。

1. 行动学习的实践意义

行动学习推动了教师经验与行动实践的双向链接。行动学习的突出特点是在过程中把个人的直接工作体验与学习结合在一起，而不像传统做法把教育中的学习与工作中的体验截然分开。行动学习的应用，倡导教师"做中学""学中思""思中行"，将教师培训嵌入教师的工作中去，有助于帮助打通教师隐性知识显性化的通道，有助于教师的专业发展和学校复杂问题的解决，有助于提升教师的主体积极性，显示出了比传统教师培训更强大的力量。行动学习确立了教师培训的"以师为本"的理念，打破了原本固化的教育行政的科层组织关系，倡导人际关系的民主、自主，鼓励培训者践行陪伴者、服务者、引领者的角色，推动管理团队与学员的平等交流，营造尊重、信任的文化氛围，增强了乡村教师的存在感、归属感和获得感。具体而言，其实践意义如下：

（1）有利于"众筹集智"，聚焦教育教学真实问题。教师的真实需求是培训者要努力找到教师的"最近发展区"。这是教师专业发展的现有水平和应对教育教学的需求水平之间的距离，特别是其独立解决问题的能力的实际发展水平，与在成人指导下或其他更有能力伙伴的合作下进行问题解决的潜能发展水平之间的距离。在培训实践中，特定的培训管理者往往武断地决定对于教师而言特定的最近发展区是什么。就像克努兹·伊列雷斯批评的一样，"应用维果茨基的学习概念，教学就很容易成为一种同质性的教师导向型方式，这样就容易获得最接近所谓最近发展区的结果，而这个最近发展区的概念只能在学术体系的视角中构想的。"[①]由此，在特定情境中被界定的"最近发展区"往往掺杂了管理者个人的专业认知和技术判断，远离了教师真实的实践问题。而行动学习则可以通过"头脑风暴""深度会谈"等方式，发动教师联系自身实际工作，将紧迫的、重要的、可行的工作难题变成研修课题，并通过在行动中将这些真实问题融入真实的教育情境中，依靠合作共研来解决。教师培训聚焦解决教师的真实问题，有助于改变单方面知识接受式的培训样态，将教师置于教育情境中，以情境性问题为起点，帮助教师知识构建的顺利进行。

（2）有利于"群策群力"，拓宽教师知识转化途径。知识是教师学习中的核心议题。教师知识观是教师主体性建构和教师创造性活动的认识论基础。如何理解知识，获取何种知识，何时、何地使用这些知识，如何使用这些知识是个人成长和社会发展的基本问题。就教师知识而言，理论性知识与实践性知识，或者说显性知识与缄默知识并非截然分离，而是彼此互补的。竹内弘高和野中郁次郎提出的知识转换的"SECI"模型——四种知识转换的方式，即 Socialization（社会化）；Extemalization（外化）；Combination（综合化）；Internalization（内化）[②]，对于我们理解教师学习大有裨益。行动学习主张程序性知识（P）、洞察性问题（Q）与批判性反思（R）相结合，提倡教师知识的情境性、生成性、建构性和社会性，有利于克服传统的教师知识观过于强调教师知识的客观性以及知识过程的传递性的缺陷。行动学习通过变革教师学习的传统方式，点燃、激励和唤醒教师来深度体验和参与，学、行、思三者密切结合，从而促进学校组织知识创造的螺旋升级，拓宽教师知识转化途径。

（3）有利于"造血强体"，培育本土教育培训力量。行动学习的培训者被称为"催化师"或"教练"，主要担任"助产士"角色来启动行动学习，成为"团队引导者"来实施行动学习，也作为"组织学习顾问"来深化行动学习，更时刻以"批判者"身份来推动教师反思。"催化师"或"教练"并不会代替教师的行动，而是充分尊重和肯定教师的主体地位，通过流程规范、学习发动、鼓励推动学员"内化""分享""应用"，并把这些成果与本地实践紧密联系起来。在学校的行动学习实践中，通过培训共建，可以

[①] [丹]克努兹·伊列雷斯.我们如何学习：全视角学习理论[M].孙玫璐等译.北京：教育科学出版社，2016：61-62.

[②] [日]竹内弘高，野中郁次郎.知识创造的螺旋：知识管理理论与案例研究[M].李萌译.北京：知识产权出版社，2016:51-52.

在内部产生大批"催化师"或"教练",他们可能是学校的校长、教导主任,也可能是优秀的专职教师。他们在实践中熟悉角色、提升促动和引导能力,事实上成为学校非常重要的本土教育资源。由此,未来的教师培训,就不再过于依赖外部"输血"式的培训资源,而是依靠自身的"造血强体"来建立可靠的本土教育培训力量。

(4)有利于"团队共创",撬动学校组织文化变革。学校组织不力,可能是教师学习难以深入推动的一个重要原因。行动学习通过小组建设、任务驱动和成果倒推,深度对接学校校本研修,这就为原本组织固化的基层学校注入了一股清泉,倒逼学校组织文化重构。以培训项目为核心的驱动力量,通过学习小组的多轮推动,用网络研修平台作为交流空间,依托基地学校,帮助一个个的"学习型组织"和"学习型社区"孵化。在行动学习的推动过程中,教师学会了合作、分享、批判、反思、共赢,新的学校文化通过正式的、非正式的学习场合得以渐次形成。因此,行动学习有助于推动教师专业发展从"个人学习"到"组织学习",从"个体成长"到"组织变革"的重大转变。

2. 行动学习的局限性和改进空间

但同时,我们也清醒地认识到行动学习有其自身局限,需要培训实践者在真实场景中灵活应对。我们要清醒地认识到行动学习不是万能的。安德烈·焦尔当就曾经警告说,我们必须承认,仅以行动为基础的教育法往往是没有什么效果的。行动无疑是个必经阶段,但我们不能把它看作万灵药,哪怕是对于低幼儿童。这种方法很快就显现出它的局限。一方面,行动必须充分地境脉化(为了行动而行动甚至是有害的、让人气馁的);另一方面,行动必须和学习特有的其他形式(表达、倾听、交换)连接在一起,并且要经过对质阶段。在这个过程中,传统培训者向行动学习教练的角色转变并非理想设计中那么轻松。一些培训的管理者习惯于在行动学习进程中过多干预,习惯于过去的指导者乃至领导者的角色,这样实际上并不利于行动学习的推进。

此外,试图通过行动学习来撬动学校的组织变革需要更多社会力量的支持和内生力量的努力。学校改进的"本土化"就是内生化,就是学校实践者主体之实践能力和理论思维能力提升的过程!只有实践主体能力获得发展,学校变革才是扎根式的,才能形成具有本土特色的学校改进!然而,要打通实践与理论的通道,不仅需要培训者提升理论修养,还有积累实践经验,以此才可能引导行动学习不致出现理论和行动的脱节。同时,也需要更多的教师树立终身学习理念,更加主动、积极地将学习与行动对接起来，以行动来促进心智模式的改善，真正做到"由内打破"，实现个人生长与学校改进的双重目标。

第二节 以"三养"理念指引资深教师培训

乡村教育是民族振兴、社会进步的重要基石，乡村教师是乡村教育的基础和根本。根据党的十七大关于"加强教师队伍建设，重点提高农村教师素质"的要求和《国家中长期教育改革和发展规划纲要（2010－2020）》的精神，教育部、财政部决定从2010年起实施"中小学教师国家培训计划"（简称"国培计划"），在全国范围内开始大规模地对农村中小学教师进行培训。时至今日，"国培计划"已经走到第十一个年头，它对于提高中小学教师特别是农村教师整体素质、推进义务教育均衡发展、促进乡村基础教育改革、提高乡村教育质量等具有十分重大的意义，也取得了阶段性的卓著成果。但在逐渐深入的教师培训中，也普遍地出现了一些或多或少的问题。曾有学者概括为：一是培训内容的针对性不强，与教师成长和课堂教学实际联系不够紧密，理论性较强，可操作性不够；二是培训方式不够灵活，形式单一，未充分利用现代教育技术和网络资源；三是培训的实效性不强，相当一部分教师参训积极性不高。为此，湖南省各地职业院校在省国培办的指导下，一直致力于提升乡村教师培训的科学性、针对性与实效性，不断推动乡村学校教师培训模式创新与变革。在加强培训经费的规范化管理情况下，积极开展校地、校校合作，主动对接市（州）和区（县）教育行政部门，深入农村中小学校开展培训需求调研和教师对话，了解到广大乡村学校的资深教师不仅关注教育教学能力与研究能力的培训，也了解到他们需要接受党和国家政策阳光的关怀、需要掌握身心关爱技巧技能。在系统总结历年来乡村学校资深教师关爱培训项目实施经验和教训的基础上，逐渐确立和构建了以"养生、养心、养教"为关爱主题，以及将"关爱"贯穿到训前需求调研与学员通知、训中教学管理与日常服务、训后学员跟踪与回访座谈的全部过程的教师培训模式，为湖南省乡村学校资深教师（以下简称学员）的职业发展与专业成长搭建了有效平台。

一、概念内涵

要确立和建构一种教师培训模式，必须先要清楚何谓教师培训模式。由于教师培训模式上位概念是"模式"，所以必须对模式有一定的明确的概念界定。一般而言,模式(模式方法)作为现代科学方法论中一种重要的研究方法,是一个系统学概念,是理论与应用之间的桥梁。所谓模式,是可以作为范本、摹本、变本的样式。一个有用模式的建立,必须满足四个条件:一是模式应当包含结构关系而不是联想关系;二是模式能够预示由观察者来检验的结果;三是模式的结构要求揭示包含在被调查的主题中的某种因果机制;四是在解释新概念时,它应有助于想象,成为探究的扩展部分。作为教师教育的重要构成部分,教师培训模式是指教师培训的构成要素及其相互影响和运行方式,即从事教师培训的培训主体、受训主体、管理主体之间为培训教师而构建的培训理念、目标、培训中介物等之间形成的交互复杂的关系及其运行方式。进而言之,有学者将教师培训模式的基本构成要素概括为:培训主体、培训理念、培训对象、培训目标、培训内容、培训手段与培训管理等。培训主体包括培训机构和培训者,培训理念即培训主体进行培训遵循的培训观念,也指培训活动所遵循的基本规律和观念,是对培训实践活动的理论升华;培训对象是接受培训的人,与培训主体中的培训者具有主体间性;培训目标是指培训要解决的问题和应该达到的程度,一般包括培训学员的收获及其程度和培训机构的培训绩效两个方面;培训内容指培训过程中,培训对象学习的课程资源;培训手段是指为完成培训采取的培训方式、方法和媒体的综合;培训管理是保障培训工作顺利进行的各种规章制度与管理措施。

基于关爱主题的乡村学校资深教师培训模式,是指在关怀教育理论观照下的乡村资深教师"三养"培训模式。即该模式是一种围绕"养生、养心、养教"的关爱主题的乡村学校资深教师关爱培训主、客体之间交互复杂的结构化图式及其运行方式。整个乡村学校资深教师关爱培训项目从设计与实施都是聚焦"养生、养心、养教"的主题目标,通过将"三养"和"关爱"贯穿到训前需求调研与学员通知、训中教学管理与日常服务、训后学员跟踪与回访座谈的全部过程当中,积极为边远地区乡村学校资深教师的职业发展与专业成长搭建有效平台的教师培训模式。

二、主要做法

职业院校乡村学校资深教师关爱培训模式的确立或构建,主要是从培训主体、理念、对象、目标、内容、手段与管理等诸要素和环节探索和打造起来的。

(一)培训主体

作为承担乡村学校资深教师关爱培训的地方高师院校,主要是致力于打造一支能适应和胜任乡村学校资深教师"有效培训"的培训者和专家团队。所谓"有效培训"，是指能使契合和满足乡村资深教师培训需求（包括显性需求和隐性需求）的一种教师培训工作。有效培训的成功之处就在于能使这些隐性需求在培训过程中逐渐转化为显性需求，成为学员的意外收获。通过多年的探索与总结，不断地加强校地与校校合作，深入乡村中小学，利用问卷调查、个别访谈与集中座谈等方式，把握乡村学校资深教师的显性需求，认真研究和科学分析他们的隐性需求，最终确立了以"养生、养心、养教"为目标和主题的关爱类培训专家团队，既有高校理论专家、又有一线教学名师；既有名医院医生，又有心理咨询师，既有师德宣讲者，还有现身说法者等省内外培训名师共同构成的培训主体。

（二）培训对象

主要定位于湖南省各市（州）、县（区）的年龄在 45 岁及以上的乡村学校尤其是地处偏远的乡村教学点和村小学校的从没外出参加或接受过培训的资深教师。《中国教育现代化 2035》和《加快推进教育现代化实施方案（2018－2022 年）》两个文件对未来一个时期推进教育现代化作出了系统谋划和部署，对于加快教育现代化建设、使教育现代化成为现代化强国建设的战略支撑具有重要战略意义。中国实现教育现代化战略目标的重点和难点在乡村和乡村教育。乡村教育是民族振兴、社会进步的重要基石，乡村教师是乡村教育的基础和根本。但受城乡发展不平衡、交通地理条件不便、学校办学条件欠账多等因素影响，当前乡村教师队伍仍面临职业吸引力不强、补充渠道不畅、优质资源配置不足、结构不尽合理、整体素质不高等突出问题。可以说，我们乡村教师队伍中有很大一部分是中老年教师，因为年轻老师不想去不愿去，或者去了一段时间后又调到城镇中小学任教了。"宁要都市一张床，不要乡村一套房"就形象地说明了乡村教师的教学与生活条件是比较艰苦的。而常年处在艰苦环境中，乡村资深教师需要得到党和国家的阳光普照，需要得到社会各界的关注关心，需要得到身心健康的关爱培训，需要得到职业发展的技能培训等。

（三）培训目标

教师培训目标主要确定教师培训到底要解决什么问题，并达到什么程度。培训目标是否科学、可行，是教师培训活动是否顺利实施的前提与保障。培训目标若与学员的生活经验和认知背景相符，并与其个人兴趣和专业发展密切相关，被培训者就会由此产生足够的动力，愿意朝着目标奋斗，其预期的目标也就越容易在实践中实现。在培训目标定位上主要聚焦"养生、养心、养教"的三养目标。通过师德理论与师德故事的专题讲座，达到以德养生的目标；通过开展生命健康与中医养生等方面的专题讲座，让培训目标人群了解老年养生保健知识；通过开展心理健康维护与调适的专题讲座与研讨，让培训目标人群了解心理健康的重要性及养心之道；通过介绍新课改背景下的教学新理念、课改新趋势、教育新技术等，让培训对象或者受训对象人群坚定教育初心、站好最后一班岗；针对乡村留守儿童现状，就如何关爱这个特殊群体、提升留守儿童的关爱智慧与技能等展开专题研讨。

（四）培训内容

由于乡村学校的地处偏远与师资紧缺，所以外出接受培训的机会相对较少、培训时间相对短暂。他们也比较珍惜这十分难得的培训机会，对培训活动期望往往比较高。因此，培训不能讲空道理，也不能纠缠概念，重要的是务实，从培训的针对性入手，突出围绕解决一线教师最容易碰到、最困惑的问题，共同研讨解决的出路。我们的培训主要是定位于"养生、养心、养教"的三养目标，因此整个培训内容都是围绕"三养"而进行培训资源开发、培训课程体系具体设置安排与推进。

（五）培训手段

在培训过程中合理安排课程专家的理论讲座、案例教学、现场教学、任务驱动以及教育专题报告会、教育论坛等，摒弃了纯理论性课程，可操作性不够，且传授途径单一的传统教法，采取"规定动作+自选动作"相结合的方式，即实行目标指定，内容集中教学与专业特长自选内容或创新内容相结合；灵活、有效地开展"专题讲座+互动交流+案例分析+教学实践+任务驱动"等多种形式培训研修。聚焦"三养"目标及其相应课程体系，通过有关专家的专题讲座、对资料的阅读自学等方式让学员深入了解教育教学思想、教育教学政策法规等，从中获得启示，开拓视野，提高认识，掌握方法。养教环节，以案例为主要载体，尽可能通过案例回应一线教师的困惑，聚焦新课程实施过程中的疑点、难点与重点，学员通过案例的学习与研究，内化案例中隐含着的先进的教育教学理念，提升教师教育实践的合理性。

（六）培训管理

我们立足以学员为本的原则，在细节上精心策划，树立服务意识，精心选择培训场所。在培训的前期准备阶段就着力对学员的需求调研，以期对各学员基本情况与理想愿景的全面掌握；在开班通知发布与学员联络上，坚持关爱原则。由于本项目的培训对象是扎根地处偏远的乡村教学点和村小的资深老教师，因此在提前发放开班通知并通知学员按时参训时，必须坚持人文关怀，做足功夫，对每个学员都要做到至少一个电话和一条短信，甚至有些老同志还要多通电话或多条短信，详细告知其参训事项与相关政策，目的是让学员放心，学得安心，按时报到参训；在培训的组织实施过程中，我们主打真情牌与人文牌，坚持做走心的、有温度的培训，积极营造良好的人文氛围。全体项目组成员每天和学员一起围桌就餐，随时收集学员意见，立行立改，学员很满意。培训课间休息时，我们给学员准备了水果、茶、点心，学员感到非常贴心。有不少学员年龄大不会电脑，有些眼睛也不好，上课抄笔记困难，我们就把每天专家上课的资料发到微信群和 QQ 群，并打印成册发给每个学员。为加强人文关怀，在课余时间带领学员做健康养生操、开展羽毛球比赛、学员联谊活动；在研修学习基地的设置与选择上，安排学员参观校园文化、跟班观课议课，便于学员在感受名校文化、与名师交流互动、实践参与当中达到有效学习的目标。

三、总结反思

自 2014 年职业学院首次承办乡村学校资深教师关爱培训项目以来，已连续成功地举办过四届。一方面，通过教师培训项目的成功举办，凡是参加过乡村学校资深教师关爱培训项目，学员的"三养"理论与知识得到了明显的提高，这对我省偏远农村和贫困山区乡村基础教育质量的提高将起到积极推动作用。另一方面，学员们也对我校的教师培训工作给予了高度的肯定与赞誉，每一年的学员满意度都达到了 95% 以上。然而，正如美国心理学家波斯纳所说，经验+反思=成长。如果一个教师仅仅满足于获得经验而不对经验进行深入地思考，那么即使他有 20 年的教学经验，也许只是一年工作的 20 次重复。对于教师培训工作模式而言，同样如此，模式的形成与构建是经验积累的结果，但仅仅为经验而经验，那么也就无所谓模式的形成，更谈不上模式创新。显而易见的是，一旦某种教师培训模式已经构建完成，当然会具有比较稳定的结构。但是，如果构成模式诸多要素的其中某一个要素发生变化的话，整个教师培训模式的空间场域中的各要素之间的作用力也会相应地发生变化，各种力之间经过博弈达到新的平衡，形成一种新的教育培训模式。所以，对我们这个作为乡村学校资深教师关爱培训项目的承办方而言，过去多年来成功经验不断积累与学员对我校教师培训工作的高度认可与肯定，并不代表这个模式是一成不变的、完美无缺的通用模式。这些年下来，我们其实也逐渐发现这个模式本身也可能存在一些问题，其实也是教师培训工作模式存在的共性问题。第一，要从乡村小学教育的实际情况出发，继续完善培训课程设置，如继续加强学员对现代教育技术的操作与使用的力度，事实也证明他们尽管年龄普遍偏大，但向学善学之心不止，他们对手机微课程制作等相关课程非常感兴趣；第二，处理好培训时间短与培训任务重的矛盾，为避免出现"集中培训结束，学习即结束"和"培训时激动感动，培训后一动不动"的情况，需要考虑如何从培训顶层思考与设计方面探索建立培训长效机制，为教师的教育教学改革提供保障性措施与政策环境；第三，如何打造为培训主、客体间建立一个远程化、立体化、持续性的交流平台，努力实现长期指导、全程培训。

认真反思，直面问题，我们清晰认识到，教师培训的目的是实现教师专业发展。教师培训工作是一个探索与提炼的过程，也是一个实践提高的过程，这将有助于我们在今后的培训工作中持续不断地反思和总结、探索与革新，使教师培训工作更具针对性和实效性，以求乡村资深教师关爱培训模式的不断完善与创新，并达到最佳的培训效果。

第三节 以实践创新带动"影子"教师培训

湖南省国培办要求各高校（机构）尊重学员意愿，将学员分配至基地校，安排基地校的原型教师对学员进行针对性指导；合理控制基地校接收学员人数，保证实践培训质量，每个基地校的单个学科（领域）接收学员数不得超过 20 名。如何充分利用基地学校资源，做实做好培训实践环节，这就需要培训机构努力创新"影子教师"实践模式，实现学员与基地校双赢。本案例遴选的三所高校各具特色的"影子教师"实践模式或做法，丰富了基地校与培训机构合作的内涵。

一、集中分阶段实施模式

（1）尊重学员希望多到名校观摩学习，多接触名师的愿望；同时，尽量减少基地校对学员的管理和食宿安排的麻烦，经向省国培办和学院请示同意，我们采用了学员集中一起到基地校，分三个阶段实施"影子教师"实践培训的办法，创新了"影子教师"实践模式。

（2）主动承担了学员在"影子教师"实践阶段的组织管理和后勤服务工作，减轻了基地校的压力。同时，带队老师积极参与基地校在"影子教师"实践阶段教学与主题研讨方案的制定，切实保障"影子教师"实践质量。

（3）在实施"影子教师"实践培训中，我们选取了省国培办指定的"影子教师"实践基地学校：长沙市芙蓉区育才学校、衡阳市实验小学和衡阳市蒸湘区实验小学。学员到达基地校后，除开展集体备课、观课摩课、主题研讨、上研究课、经验分享等活动外，我们还根据基地校的特点开展了各具特色的主题活动。

（4）由于我们集中分阶段实施"影子教师"实践，使每一个基地校只需突出一两个主题，因此，他们能够精心安排各项教学活动，保证活动质量。而学员却能多方面获得研讨与交流，获益匪浅。

二、取得的成效

第一，采用学员集中一起到基地校，分三个阶段实施"影子教师"实践模式，实现了学员对"影子教师"实践的满意。学员说：时光荏苒，为期20天的"影子教师"实践转瞬即逝，但它给我留下的刻痕是永恒的，注定是我一生中最美好的一段记忆。在"影子教师"实践中，每天都有新收获，每天都得到了充实和提高。还有学员说：在"影子教师"实践的20天里，我努力成为导师的"影子"。我的指导老师殷智强、罗江蕾等，他们都是学校的教研组长或骨干教师。他们专业知识扎实，经验丰富，课前准备充分，上课教态亲切、自然、大方，语音清晰、流畅，课堂组织严谨、精神集中，调控得当高效，真正做到了充分尊重学生、关注学生、服务学生，以学生的发展为教学之根本。我每天都和导师们进行交流，努力学习他们丰富的经验和先进的教学理念。我想，这对于我在跟岗期间、乃至于今后实践新的理念，开展有效课堂教学活动都将会产生深刻的影响。

第二，采用学员集中一起到基地校，分三个阶段实施"影子教师"实践模式,实现了基地校对"影子教师"实践的满意。基地校的校长说:你们承担了学员在"影子教师"实践阶段的组织管理和后勤服务工作,对我们来说是最大的解脱。因为培训学员都是在职人员,他们的组织管理和后勤服务是最不好弄的,学员的学习考勤、生活的要求都是很头疼的事。负责国培的教研主任说,你们把学员在"影子教师"实践阶段的组织纪律管起来了,我们只需精心设计教学研讨活动,减轻了我们的压力。因此,通过创新"影子教师"实践模式,实现了学员与基地校双满意。

第三,采用学员集中进行"影子教师"实践模式,获得了其他项目的学员和带队老师的称赞。由于我们采用学员集中进行"影子教师"实践的办法,带队老师统一组织管理,各项活动开展得有声有色。其他项目的学员说,我们就像没娘的孩子,而你们事事有人安排,太羡慕你们了。其他项目的带队老师说,采用集中进行"影子教师"实践模式,学员能多到几所学校,学到的东西更多,是一个好做法,我们以后也将采用这种做法。

第六章 "国培计划"背景下湖南省职业院校教师培训项目开展实践

第一节 郴州工业交通学校教师培训项目的开展

一、培训实施方案

(一)培训对象

郴州工业交通学校 45 名在职教师。

(二)培训目标

为贯彻落实习近平总书记关于教师工作的系列重要指示精神,切实提升职业院校教师素质能力,湖南省启动了"送培到校精准培训"项目。通过培训,从课程改革、课堂教学、信息化教学等方面全方位提升学员的教学素养,促进专业成长,提升教师职业能力。实现如下培训目标:

(1)把握新形势下职业教育的变化与特点,树立现代职业教育理念,培养创新精神和改革意识,提升教学改革能力。

(2)提高专业素养及教学教研水平,提升课堂教学能力。

(3)掌握现代信息教学技术与方法,提升信息化教学能力。

(三)培训内容

根据湘教职培办〔2020〕2 号文件,2020 年送培到校精准培训项目中职学校在职在岗专任教师培训内容主要安排三个部分内容:职业教育新理念及课程开发、课堂教学能力提升、信息化教学能力提升。

职业教育新理念及课程开发实施办法课程着眼于提高中职学校专任教师的教育理论水平和对课程的全方位认识,进一步指导中职教师科学制定和优化课程标准。

课堂教学能力提升课程着眼于提高中职专任教师进行课堂教学设计的

能力，准确把握新的课堂教学模式，创新教育教学方法，提高教学实践能力，最终实现课堂教学的有效性。

信息化教学设计能力提升课程着眼于指导中职教师运用现代信息技术进行教学设计和教学管理，通过信息技术平台提升新范式下教师信息化教学能力。

二、培训心得汇总

【成果一】

2020年8月15日至8月24日，我有幸参加了"送培到校精准培训"国培项目。培训中，老师精心备课，认真上课，每天的讲座都以鲜活的实例、丰富的知识内涵及精湛的理论阐述打动了我的心，使我认识到信息技术的综合运用不应只停留在课件的制作上，感受到作为一名合格的教师，应积极主动吸纳当今最新的技术，并致力于把它们应用于课堂内的教与学活动中。可以说，这十天的培训对于我来说是一次难得的机会，来得及时，来得实在，我觉得受益匪浅，深受启迪。

（一）开阔视野，感受到信息化应用的魅力

随着教育信息化的发展，信息技术以前所未有的速度进入课堂，越来越多的学校管理者要求教师不断学习新的知识和技能，特别是通过变革学习方式，以促进学习者发展适应信息时代所需的知识、能力和素养，并逐步探索新型信息化教学模式，以适应这种新的变化和挑战。

开班仪式上，刘振湘副校长给我们讲话，他说，"教育理念素养的养成需要努力研究自己，其目的就是为了提高自己、发展自己、更新自己"。刘振湘副校长的讲话开阔了我的视野，感觉到先进的多媒体应用在教学上的巨大魅力，我憧憬未来教育信息化时代的到来，更激发了我深入钻研信息技术的信心和决心。以前我以为信息化技术只是做做课件，甚至认为信息化是计算机老师的事，在听了陈院长的一席话后，我了解了信息化是个内涵丰富的领域，它不仅仅是计算机老师的事，它应该是每个老师要去努力的方向，利用信息技术服务于教学，达到资源网络化、学习自主化、活动协助化、情景虚拟化、媒体数字化。

（二）更新观念，体验信息技术支持下的知识创新教学

培训的第一天，文学禹教授给我们做了《新时代中职教师的职责与境界》讲座，黄有全教授给我们做了《课程与思政的教学设计与实施》讲座，

他们给我们提出了职业教育需要的观念。以近几年教师职业能力比赛发展为例给我们介绍了创新知识教学，知识论坛是以观点为中心的，而传统的建构主义则是以活动为中心的。传统教学重在传授，以教材、教师、课堂为中心，以教代学，教的知识重结论，轻过程，缺少教与学的互动，忽视学生充分的思维过程，使教学过程难以成为创新能力的培养过程。传统教学重经验、轻创新，教师凭经验教学，形成思维、行为定式，缺乏对自己的教和学生的学进行反思、研究、创新。传统教学还具有封闭性，缺少师生之间的交流与合作的机会。教学创新所要体现的就是要变传授式教学为研究性教学，变经验式教学为反思性教学，变封闭性教学为开放性教学，要充分体现学生的主体地位。

（三）良好的信息化素养是教师必须具备的素养

在此次培训中，黄艳华教授给我们讲授了《教学成果与学习成果展示》和《人才培养方案优化》，介绍了人才培养方案的优化和课程标准、课程目录的设计；刘妍君老师我们讲授了《有效课堂的设计与训练》，让我对教学目标的设计、学情分析设计、思维导图设计、课堂导入设计、参与式学习活动设计等方面有了全新认识，达到了一个新的理论高度；韩玉玲老师讲授的《信息化素材与软件的应用》，分享她本人参加职业能力比赛的经验，让我看到了信息化环境下的教育教学新模式；胡平霞老师讲授的《微课的设计与制作》，介绍了微课作品的赏析，让我对职业能力比赛有了更直观的认识。

这些老师上课都很有特色，我听了他们的讲座后，收获很多，也感悟很多，我认识到作为一名教育工作者，我感受到教育教学工作的艰巨。信息素养是终身学习者具有的特征，在信息社会，一名高素质的教师应具有现代化的教育思想、教学观念，掌握现代化的教学方法和教学手段，熟练运用信息工具（网络、电脑）对信息资源进行有效的收集、组织、运用；通过网络与学生家长或监护人进行交流，在潜移默化的教育环境中培养学生的信息意识。这些素质的养成就要求教师不断地学习，这样才能满足现代化教学的需要，才能成为一名满足现代教学需要的高素质的教师。

（四）不同老师的交流，了解了自身的优势和不足

此次的培训不仅仅为我们提供了很好的学习信息技术应用能力的机会，也为我们提供了交流讨论的机会。在交流中我看到了我校在教育教学中的优势，比如我校的实训实验条件较好，校领导比较重视教师的专业成长。同时也发现了师资的差异和我校的不足。

本次信息技术培训虽然只有短短十天的时间，但是通过这十天听讲座，团队合作讨论信息化教学设计，上网交流感悟或每天写心得，使我对信息技术的运用有了一个质的飞跃，一改过去的"多媒体可有可无"的落后思想，而要积极采用信息技术与我所教的学科进行整合，相信这些对课堂教学质量的提高提供了很好的保证。这次培训是我信息化教学的一个新的开始，培训给我的更多的是一种理念，在今后的教学中，我还要去学习更多的信息化教育技术，用信息化技术来服务我的教学，提升我的教育教学质量。

在这十天的培训中，我很感谢湖南环境生物职业技术学院为我们提供的各种服务，很感谢黄艳华教授、梁称福教授、韩玉玲教授、刘军教授、刘妍群教授等老师无微不至的关心，他们工作十分敬业，时时处处都为我们着想，他们的敬业精神，他们的职业操守给我留下了深刻的印象。

李国斌

【成果二】

为期 10 天的国培结束了，留给我最深刻的体会是"意犹未尽"！内心的感慨实在是太多了，不知道自己能否表达得出来。老师们的面孔一张张地浮现在我的眼前，如此亲切、如此可爱，如此让我尊敬而又无比地崇拜！

我感觉自己是从里到外接受了一次洗礼，心灵受到了不小的震撼，思想理念也在发生大的转变。每一天学习都是充实的，总觉得时间不够用，恨不得一天掰成两天来使用。每一天都能听到专家不同课程的讲座，每一天都能感受到思想火花的碰撞，众多的疑问在专家、教授那里得到了解决，每一天都有丰硕的收获。

（一）教育理念得到更新

过去也参加过不少的培训，专家们也讲授过教育的理念，但是仿佛都成了过眼云烟。可能是教授们讲解得太深刻了，自己当时并不能理解和消化，相比这次培训，我们的培训老师能以浅显、生动的语言和灵活的方式，把知识点呈现出来，并且让大家都能弄明白，可谓是"有效课堂"的典范。

教师的真正本领，不在于他是否会讲述知识，而在于是否能激发学生的学习动机，唤起学生的求知欲望，让他们兴趣盎然地参与到教学过程中来。过去我们一直提倡"以学生为主体，教师为主导"，但实话实说，那都是在应付各类比赛，并没有真正应用到现实的教学当中来。而这一次培训，我们老师轻松地实现这一理念，着实让我脑洞大开，原来"以学生为主体，教师为主导"是这样来实现的。印象深刻的是刘妍君教授的课，她以自己扎实的教师基本功让大家眼前一亮，接下来灵活、科学的教法，又彻底地激发了大家的学习兴趣。刘教授的课很精彩，但我印象最深刻的是她说的"首因效应"，我对自己说，要像刘教授说的那样认真对待每一个开始！

对待学生，要像对待自己的孩子一样，我们所做的一切向他们负责，因为爱是教学成功的基础。在培训中，还是有一位老师特别让我感动和肃然起敬，那就是我们的黄艳华教授。她对工作非常地认真，要求也很高。课后时常会关心学员的学习情况，会耐心地解答我们的困惑，当我说自己的教学设计不知道怎么改进时，她会悉心帮我分析并提出中肯的意见。当我们学员做得不够好时，她也会不留情面地提出批评。就是这样一位严厉的老师，在培训总结发言时，怎么也隐藏不住自己的真情，含着泪光对我们提出了殷切的希望。那一刻，我真的感受到了教师的伟大莫过于此，爱的力量无限大，"爱"是我们成长为一名优秀教师的灵魂！

（二）信息化教学水平得到提升

在这一次培训中，我感觉自己的信息化教学水平得到了很大的提高。徐一斐教授讲授的《教学展示"出彩"——教学多媒体课件制作与开发》教学课件诊断与优化以及胡平霞教授讲授的《知"微"见著——微课设计与制作》《教学手段"出彩"——信息化教学设计与技术支持》，对我来说可谓是受益匪浅！我第一次学会了PS、CS等软件的使用，虽然还不是很熟练，但我相信自己定会在今后的教学中灵活应用的，为"出彩"的课堂夯实基础！

培训学习是短暂的，但是给我的记忆和思考却是永恒的。通过这次培训，我提高了认识，理清了思路，学到了新的教学理念，找到了自身的差距和不足。把培训学到的新理念、新知识、新思想应用到自己实际教学中去。

新的工作即将开始了，作为一名教师，此次培训中我深刻认识到，在新的时代和新的教育背景下，只有进一步更新教育观念，改进教学方法、教学行为和教学手段，扩大知识面，完善知识结构，从实践中学习，在反思中进步，提高专业化水平才是我们成长的途径和的收获。

最后，我想对国培项目组的所有老师、工作人员说声：你们辛苦了，谢谢！

马陆燕

【成果三】

　　我从2020年职业院校教师素质提高计划国家级培训以来,通过听讲解、教学方法、制作方法,做作业、参加讨论和评论,和培训老师与学员们不断地交流,感觉自己的理论水平提高了,知识视野开阔了,学习到了很多优化课件、制作微课视频等方面的方法,相信在以后的工作实践中,我的教学技能能力会得到一次根本性的转变和提高!

　　现将具体心得总结如下:

　　(一)对国家级培训计划的重要性和必要性的认识

　　中职学校的国培计划是我们国家立足长远、通盘考虑后实施的一项重大培训项目,重点是提高中职老师的教学水平和技能,让其在思想上、实际操作上能得到一次解放和提高。

　　(二)内容的丰富性和别致性

　　这次国培活动专家阵容强大,有很多教育专家的报告,很多非常知名,学术地位高的培训专家来给我们培训。他们中有来自湖南交通职业技术学院的马教授,有湖南环境生物职业技术学院的文教授、林教授、黄教授等,如此强大的专家阵容足以让我们领略各个领域专家的学术专业之深,接触了一次精彩的视听觉脑力激荡的国家级培训盛会,专家的学识、睿智、幽默时刻回旋,茅塞顿开与豁然开朗充斥着我,让我充分感受到专家的人格魅力,散发出无穷的智慧和力量。各个课程精彩纷呈,理论知识有理有据,引发我们思考领悟,案例翔实有效。

　　(三)培训形式多样,参与性强

　　这次培训不但有老师授课,且有作业、有评论、有上传资源,形式多样的参与活动让我们在不知不觉中掌握了理论,巩固了技能,开阔了视野。且每项的培训还有明确的考核和打分,让学员有了压力,有了标准,也有了动力。通过这样形式多样的培训,肯定会取得预期的效果。

　　(四)理论性和实践性强

　　这次培训使我掌握了许多专业理论知识,也使我了解到了许多书本上没有的知识,这是一种对思想的陶冶、知识的启发。进一步加强了自己的教学理论基础,有效提升自己对中职教学活动、区域活动的组织能力。也让从事中职教学工作的我有了进一步的认识,在我们看孩子的时候更要用一种敬畏的心情和发展的眼光去对待。同时这次培训内容里,很多老师将理论和实践进行了有机的结合,相信在以后实践中,我们会将两者很好地融会贯通,学以致用。

（五）通过这次培训我感觉自己收获最大的有四条：

（1）对课程教学标准，有了专业的认识；

（2）对教学设计有了专业的认识；

（3）对多媒体课件有了专业的认识；

（4）实践一定要有教育理论指导。每一堂课、每一个活动，有了理论指导，就有了目标、有了依据，否则就是盲目的。

总之，本次培训给了我一个极好的学习机会，让我从中学到了很多，也弥补了我以前认识上的不足，同时也促进了我的教育教学，对我的专业成长有很强的指引作用。我会以国培学习为契机，努力完善自己，培训虽然短暂，但是我从国培中收获很多，使我不断提高，不断充实。我将带着收获、带着感悟、带着信念、带着满腔热情，在今后的教学中，继续学习教育教学理论知识，不断反思自己的教学行为，更新自己的教育理论，积极转变教育观念，争做一名合格的中职教师。

张佳丽

【成果四】

在2020年暑假，我有幸参加了本校和湖南环境生物职业技术学院组织的2020年"送培到校"国培计划。在这十天的培训中，每一位培训老师都兢兢业业，把自己所知道的技能毫无保留地进行了讲解。而且在这十天的培训中我也认真地学习培训老师所教的技能。不管是人才培养方案还是课程标准的制定，以及PS、CS软件的学习，都让我拓宽了自己认知，理解了课堂还可以增加更多的信息化手段来提升课堂的质量。

（一）更新了教学理念

这次参加"国培计划"信息技术应用能力提升培训，我感触很深。我深深地体会到计算机辅助教学已经走到了我们身边，认识到课堂上要把信息技术完美地融合到教学之中，充分发挥计算机工具性能，利用网络资源，搜集信息、处理信息，从而提高教学质量。这次培训的主要内容是掌握教育信息化应用能力。通过这次培训，才真正地认识到自我在专业方面还有许多的不足，在今后的业务提升方面还有大量的知识要学习。只有这样随时为自我更新，补充新知、更新观念，才能从根本上提升专业素养。

（二）提高了运用信息技术的能力

作为一名机电技术教师，应具有现代化的教育思想、教学观念，掌握现代化的教学方法和教学手段，熟练运用信息工具、网络、电脑等对信息资源进行有效的收集、加工、组织、运用。这些素质的养成就要求教师不断地学习，才能满足现代化教学的需要。信息素养成了终身学习的必备素质之一，如果教师没有良好的信息素养，就不能成为一名满足现代教学需要的高素质的教师。

（三）指明了未来努力的方向

在培训中，我了解了信息技术基本工具的作用，认识了多媒体；了解计算机在其他学科学习中的一些应用。掌握学科教学与信息技术整合的教学设计方法，能够用信息技术有效设计学科教学方案。掌握有效课堂教学方式方法，准确诊断和切实解决学科教学问题，提高课堂教学实施和评价能力。

在教学过程中，改变灌输知识的思想，更注重学习方法的传授，帮助学生培养自我学习的能力。利用信息技术手段，与学科有效整合，使学生更喜欢、更容易接受，学到更系统、有价值的知识。明确课程改革与发展对教师职业道德的新要求，能够在备课、上课、作业批改、学生辅导、学业测评中不断提高自身素质。通过这次学习，我认识到作为一名教师应积极主动吸纳当今最新的技术，并致力于把它们应用于课堂内的教与学活动中，时时检视自己，不断完善，才能更好地为学生服务，为办人民满意的教育贡献自己的力量。

总之，这是一次收获丰厚的培训，充实和完善了自己，我很荣幸。但更多感到的是责任、是压力，也是促进我教学，上不断成长的一次培训。这次培训使我受益匪浅。，它让我站在了一崭新的平台上审视了我的教学路，使我对今后的教学工作有了明确的方向。

张庆春

【成果五】

我有幸参加了 2020 年湖南环境生物职业技术学院"送培到校"的培训学习，知识不断更新，带着对教育教学实践中的种种疑问，我走进了培训课堂。

对这次培训学习的机会，我非常珍惜，始终按培训要求约束自己，严格要求自己，不迟到、不早退，勤学好问，积极参加培训学习。

这次培训由培训团队准备了丰富内容，形式多样，有专家专题讲座；有从专业方面的人才培养方案、课程标准的制定课程；也有具体的教学设计、课件的编写方法；还有各种信息化手段的运用。通过培训老师讲解、师生互动等方式，对我既有观念上的洗礼，也有理论上的提高，既有知识上的积淀，也有教学技艺的增长。

课堂上，专家们的精彩讲座一次次激起了我内心的感应，更激起了我的反思。在这种理论和实践的对话中，我收获着专家们的思想的精髓、理论的精华。听了教授们的讲座，我进一步体会到了参与式教学的重要性。也让我深深体会到了如何更好地去当好一名教师。

如今，培训已告一段落，在感叹时间过得太快、想学的东西太多的同时，所幸的是每一次活动都过得充实，聆听智者的教诲，参加伙伴们的探究，收获颇丰！也让我反思到了自己平时的课堂教学，需要学习与改进的地方实在是太多了。

因此，在今后的工作中，我将时刻牢记自己的职责，处处以身示范，以理服人，我会积极主动地承担各种教学任务，注意发挥带头作用，热心帮助其他青年教师，使他们能和我一起更快、更好地发挥自己的能力。积极参加各级各类的教研活动，虚心向同行学习、请教。认真学习新课程理念，积极探索有效的教学方法，时刻反思自己的教学行为，提高自己的业务水平，努力使自己无愧于教师这一称号。总之，本次由湖南环境生物职业技术学院带来的培训学习，让我感受着新课程理念的和风，沐浴着新课程改革的阳光，自觉要钻研的路很难，要学习的路还很长，但我对教育教学充满了信心和希望。虽然培训学习已告一段落，但学习还在继续，教师只有"终身学习"，才能真正地成为符合时代要求的合格教师。

虽然学习的时间非常有限，但这次培训活动给我的收获是无限的。最后感谢所有参与本次培训的老师及工作人员，正因为你们的付出才能让学员们学到更多的知识，向你们致敬。

邓建平

【成果六】

暑假期间，我参加了"送培到校"的教师能力提升培训，通过培训，我对高效课堂有了更深刻的理解。课堂教学作为教学的一种基本形式，无论是现在，还是将来，都是学校教学的主阵地，教学的目标必须在课堂中完成。高效课堂要求在课堂教学中把以往的"鸦雀无声"变成"畅所欲言"，"纹丝不动"变成"自由活动"，"注入式教学"变成了"自主探索"。要求我们不但要教给孩子们知识，更要教给孩子们掌握知识的方法。这一点在我们的课堂上落实得不是很好，这里折射出一个令人深思的问题——如何提高课堂教学的有效性，打造适合自己的高效课堂，让课堂焕发生命的活力？

（一）了解学生，做到因人而教是高效课堂的前提

（1）了解学生个性。大多数的学生在学习中高兴得到老师的夸奖，因此，经常开展一些小型竞赛活动，可激发其学习兴趣，增强其竞争意识，让学生在竞争中共同前行。在教学中，采用各种方式的竞争手段，激发学生的学习兴趣和积极主动的参与热情，让全体学生能够共同进步。

（2）了解学生原有认知基础。任何人在学习新知识时，旧知识总是要参与其中的，用已有的知识学习新知，既提高了课堂教学的质量，也消除了课堂上的无效空间，减少了学生的学习障碍。教师应尽可能地从实际中引出问题，使学生了解知识来源于生活，同时又应用于生活实际，从而认识到知识在现实生活中的作用；同时，教师也应给学生提供更多的机会，让他们自己从日常生活中的具体事例中提炼出问题，用所学的知识去解决现实生活中的许多实际问题。

（二）培养良好的倾听习惯是高效课堂的首要条件

要打造高效课堂，首先要转变"发言热闹的教室"为"用心相互倾听的教室"。只有在"用心倾听的教室"里，才能通过发言让各种思考和情感相互交流，否则交流是不可能发生的。倾听学生的发言，好比是在和学生玩棒球投球练习。把学生投过来的球准确地接住，投球的学生即便不对你说什么，他的心情也是很愉快的。作为教师，要擅长接学生投过来的每一个球，特别是学生投得很差的球或投偏了的球，这也是作为教师其自身的专业素质和驾驭课堂能力的最好表现。

（三）充分的课前准备是高效课堂的条件

新课标针对学生不同年龄段的身心特点，对不同学段的教学目标做出了科学而具体的规定。首先，教学目标的定位要难易适中。就跟打篮球一样，篮筐太高了，学生再怎么努力也投不进，自然就丧失了信心；而篮筐太低了，学生就会轻而易举地灌进篮筐，当然也就没有战胜困难的喜悦。其次，教师在制定教学目标的时候，要充分考虑到三维目标的统一。教学目标的制定也要兼顾好、中、差三个层次。根据因材施教原则，教学目标的制定也要因人而异，不同层次的学生要求达到的目标也各不相同，要避免一概而论。

（四）课堂中优化教学过程是高效课堂的关键

（1）课前导入，出示目标。引人入胜的导入，可以唤醒学生的求知欲，

激发他们的学习兴趣。因此，教师一进课堂就可以或让学生听听与课文有关的录音或音乐，或讲一个与课文有关的小故事，或展开一段与课文有关的精彩对话，或利用视频短片导入，以激发学生的学习兴趣和学习动机，从而提高课堂效率。

（2）设置提纲，引导自学。课前写好小黑板，课上通过小黑板让学生看，明确自学要求，即自学什么内容、用多长时间、如何检测等，并指导学生自学的方法，如看书，是独立围绕思考题看书、找答案，还是边看书、边讨论、边解决疑难问题，等等。而学习目标与自学要求的提出，低年段学生以激励比赛方式最好，因为比赛可以激发小孩子的求知欲望，调动学生学习的积极性。

（3）小组讨论，合作探究。合作是一种比知识更重要的能力，它越来越成为当代人的一种重要素质，受到大家的青睐。而课堂开展小组合作学习，有利于师生间、学生间的情感沟通和信息交流，有利于鼓励学生从不同的角度去观察、思考问题，发展思维的发散性、求异性。

（五）运用信息技术手段是高效课堂的重要策略

教师在以多媒体和网络为基础的信息化环境中实施课程教学活动，对课程教学内容进行信息化处理，使之成为学习者的学习资源，并提供给学生共享。在平时的教学中经常利用多媒体进行教学，对教学很有帮助。

（1）导入更吸引人。万事开头难，好的课前导入能营造轻松的教学气氛。因此，教师在设计导入环节时应注意在学生已有知识的基础上，根据学生的心理特点和认知规律，运用现代化技术手段将学生引入教学情境中去。教师通过多媒体课件将学生带入教学情境中，再适时地提出问题，引导学生思考，产生学习新知识的兴趣。

（2）兴趣更易激发。兴趣是最好的老师。在教学中，常常出现这样的现象：老师在讲台上讲得津津有味，学生在讲台下流露出消极厌烦的情绪或自己做别的事。这种现象出现的重要原因之一，就是教师的讲解很难让未亲身经历过的学生产生兴趣。运用电教手段，可以通过声、光、色、形，将教授过程直观地、形象地直接作用于学生的各种感官，使学生产生强烈的学习兴趣。

总之，课堂教学是一门很深的学问，具有极强的艺术性。为了提高课堂教学的有效性及高效性，我们必须本着"让每一个学生都学得好"，以教学理论作指导，经过自己的不断实践，不断总结，不断完善和创新，真正提高课堂教学的质量，提高学生学习效率。

李磊

第二节 邵阳雪峰博雅教师培训项目的开展

一、培训实施方案

（一）培训对象

该项目计划培训邵阳市雪峰博雅职业技术学校青年骨干教师42名。其中国培对象30名，省培对象12名。

（二）培训目标

通过培训，从专业课程改革、有效课堂教学、信息化技术应用等方面全方位提升学员的教学素养，促进专业成长，提升职业能力。

（1）精准把握新时代职业教育发展态势，树立现代职业教育理念，提升专业基本素养及教研教改能力。

（2）正确理解能力本位课程教学模式，创新教育教学方法，提高课堂教学设计和教学实施能力。

（三）培训内容

（1）专业课程改革：①新时期中职教师从事教学工作的职责与境界。②新形势下中职教育教学改革新理念。③专业人才培养方案制定与优化。④课程体系优化。⑤校本化课程标准开发。⑥课程整体设计。

（2）有效课堂教学：①"知"——有效课堂的整体认识。②"行"——有效课堂的设计与训练。③"行"——任务驱动教学设计与实施。

（3）信息化技术应用：1）教学资源"出彩"——常用信息化素材与软件的应用。2）教学展示"出彩"——教学多媒体课件制作与开发、诊断与优化。3）知"微"见著——微课设计与制作。

二、培训心得汇总

【成果一】

在国家对教育的支持下，在湖南省教育厅和湖南环境生物职业技术学院精心组织和策划下，我有幸参加了职业院校教师素质提高计划2020年国家级培训项目的学习。这次的培训内容丰富，形式多样，有十来位老师给我们上课，非常难得。既有专家的讲座，有视频可以观看，又有学员要完成的作业，还有在线研讨等学习方式。

国培教育，给我观念上很大的冲击，使我在理论上也得到了提高，在教学技艺上得到了增长。我会将所学知识进行整理，再慢慢消化，进而将我所学到的知识转化成为对我有用的教学手段；进而也将这些"高营养"的知识"大餐"内化为我学习的动力、教学的资本。为期十天的"送培到校、精准培训"学习已经圆满结束，回顾十天的学习生活，给我留下了深刻的印象，让我大开眼界、受益匪浅，下面我谈一下此次培训中的感受。

（一）改变观念

首先，更新了教育理念、提了思想认识。在此次网上学习中，我有幸认识了许多教育专家，从他们的讲课和讨论中，我学到了许多新的教育知识和理念，不仅增强了我对教育工作的认识和理解，更激励我奋发向前。对于我的教育理念和思想认识来说，这次培训无疑是一场"及时雨"，使我提高了认识，理清了思路，学到了新的教学理念，找到了自身的差距和不足。在此，更要感谢湖南省生物职业技术学院的领导和教授们对此次活动的精心策划。感谢他们为我们编排的丰富多彩的学习内容，感谢各位专家、教授、名师们授予我们丰富的知识，传授全新的教育理念。我突然感到自己身上的压力变大了，要想不被淘汰出局，要想最终成为一名合格的骨干教师，就要更努力地提高自身的业务素质、理论水平、教育教研能力、课堂教学能力等。

（二）信息化环境下的教学优势

信息技术课程注重培养学生了解信息技术知识，在生活和学习中收集信息、处理信息、交流信息、运用信息的实践能力，树立在信息化社会生活中健康的伦理道德等。信息化教学并不是课堂上学生使用电脑，更重要的是学生在课堂上真正学到了什么东西，培养学生上网搜集信息、处理信息的能力。对于我们服装专业课程来讲，信息化教学非常重要，在示范操作时都可以用得到，平时传统的示范教学，最多十来个学生围着老师看怎么操作，而使用了信息化教学方法后，可以全班同学同时观看，节约了时间、提高了效率，授课效果比以前好了许多，通过多媒体更为直观，而且还可以放大细节，具有得天独厚的优势。

（三）在教学活动中，教师要当好组织者

教师要充分相信学生有学习的能力。应该把机会交给学生，俯下身子看学生的生活，平等参与学生的研究。教师把探究的机会交给学生，学生就能充分展示自己学习的方法和过程，教师也就可以自如地开展教学活动。新课程实施的灵活性大，让教师觉得难以驾驭教学的行为，课堂教学中表现为过多的焦虑和不安。那么，怎样调动学生的"思维参与"呢？应当创设情景，巧妙地提出问题，引发学生心理的认知冲突，使学生处于一种"心求通而未得，口欲言而弗能"的状态。为此，教师要多给学生做、说的机会，让他们讨论、质疑、交流，围绕某个知识点的问题展开辩论。这样他们才能互相学习与进步，思想上得到更大的提升。

（四）加强自身的专业素养和文化修养

通过培训，我更加体会到了学习的重要性。只有不断地学习，不断地提升，不断加强修养才能胜任教育这项工作。这次培训充溢着对新课程理念的深刻诠释，充满了智慧，让我开阔了眼界。作为教师，要了解新理念的内涵，要掌握学生的认知发展规律，要在教学实践中不断地学习，不断地研究，不断地反思，以适应时代发展的需要，适应时代改革的步伐。今后要不断更新自己，努力提高自己的业务素质、理论水平、教育科研能力，课堂教学能力等。这就需要自己今后付出更多的时间和精力，努力学习各种教育理论，勇于在课堂中进行实践。

总之，这次培训使我真正体会到了一种全新的现代教学理念和教学模式，让我的教学思想有脱胎换骨之感，我将努力地用这种理念指导今后的教学实践，培育出更多现代社会素质人才，为我国的教育事业贡献出应有的光和热。

陶彩凤

【成果二】

2020年9月28日至10月7日，我有幸参加了"2020年湖南省中职学校送培到校"的培训活动，担任这次培训讲师的是湖南生物环境职业技术学院的几位教授。作为一名刚踏入教师行业的新教师，此次活动让我受益匪浅。通过这次培训，我不仅仅对教师这个职业的内涵有了更深一层的理解，明白教师这个职业的沉重分量，也使自己在平时的教学工作上有很大的进步。下面我谈谈参加这次培训的心得体会：

（一）激发学生潜能，鼓励探索创新

教师在课堂教学中，要根据教学内容创设情境，激发学生的学习热情，挖掘学生的潜能，鼓励学生大胆创新与实践。要让学生在自主探索和合作交流过程中获得基本数学知识和技能，使他们觉得每项知识都是他们实践创造出来的，而不是教师强加给他们的。课堂中要对学生因势利导，鼓励他们积极探索，使学生思维活跃，锻炼他们的创新能力。

（二）转变教育观念，发扬教学民主

数学教学活动必须建立在学生的认知发展水平和已有的知识经验基础之上。在教学过程中，教师要转变思想，更新教育观念，把学习的主动权交给学生，鼓励学生积极参与教学活动。教师要走出演讲者的角色，成为全体学生学习的组织者、激励者、引导者、协调者和合作者。学生能自己做的事教师不能代劳。教师的主要任务应是在学生的学习过程中，在恰当的时候给予恰当的引导与帮助。要让学生通过亲身经历、体验数学知识的形成和应用过程来获取知识，发展能力。

（三）联系生活实际，培养学习兴趣

职高的学生底子比较差，学习兴趣低，某些学生不想学习或讨厌学习，是因为他们觉得学习枯燥无味，认为学习数学就是把那些公式、定理、法则和解题规律记熟，然后反反复复地做题。新教材的内容编排切实体现了数学来源于生活又服务于生活的思想，通过生活中的数学问题或我们身边的数学事例来阐明数学知识的形成与发展过程。在教学过程中，教师要利用好教材列举的与我们生活息息相关的数学素材和形象的图表来培养学生的学习兴趣。教师要尊重学生，热爱学生，关心学生，经常给予学生鼓励和帮助。学习上要及时总结表彰，使学生充分感受到成功的喜悦，感受到学习是一件愉快的事情。要通过自己的教学，使学生乐学、愿学、想学，感受到学习是一件很有趣的事情，值得为学习而勤奋，不会有一点苦的感觉。

（四）充分了解学生，恰当运用教学方法

学生在不同阶段，有不同的年龄特征。世界上决不能找到两片相同的树叶，他们每个人的家庭环境和性格特点各不相同。古代的大教育家孔子曾经说过，要因材施教，我们要经常和孩子们谈心，不断地进行家访工作，了解他们的心声，真正成为他们最知心的朋友，灵活地运用各种教学方法和教学技巧。多表扬，少批评，及时发现他们身上的缺点和错误，进行循循善诱的指导。晓之以理，动之以情，导之以行，使错误消灭于萌芽之中。在教学中把学习的主动权交给学生，在必要的时候，进行恰当的指导，让他们培养探究合作的学习方法，使学生具有开拓创新的精神，培养成可持续发展型人才，真正成为社会的主人。

（五）充分利用教学资源，优化教学设计

随着时代的发展，教学资源日益多样化，作为一名新时代的教师，我们要充分利用网络教学资源，像这次培训几位老师教的思维导图、云班课、慕课、微课等教学软件，都是新型且有效的教学资源，我们应该大胆去尝试运用到平时的教学活动中。每一种新的技术都对教育产生了巨大的影响，以计算机为主的信息技术在教育中的应用，改变了教师的教学行为和学生的学习行为。现在到处都在提学生的减负问题，而减负的根本在于提高课堂效率，所以要成就高效的课堂就必须要求教师对课堂进行精心的设计，我会把这次培训内容中的精华加以吸取，尝试运用到以后的课堂教学过程中，来逐步提高和完善自己的课堂教学。

总之，这次的培训让我受益颇丰，以后我会多学习新课改理念，认真钻研教材，挖掘教材，挖掘学生潜能，积极参加各种教科研活动，多听同任教师的课，向身边的优秀教师学习。努力上好自己的每一节课，取人之长，补己之短，争取在以后的教学中不断提高自己。

李桂香

【成果三】

国培是对教师的一次全面培训，是教师成长和拔尖的重要渠道，我非常荣幸能够参加2020年湖南省中职学校"送培到校"培训活动，在这为期十天的培训学习中，来自湖南环境生物职业技术学院的教授专家们通过先进的教学理念和新颖的教学手段吸引了我们的眼球，为我们开辟了教育的新世界，并且他们敬职敬业的精神让我们每位学员感动。虽然只有短短十天，但却为我们今后的教育生涯指明了正确的方向，在这里我谈一谈关于本次培训的感受。

（一）更新了教育观念，掌握了较多的技能

现代的教师应成为学生潜在品质的开发者，成为教育教学的研究者，成为学生的心理咨询者和健康的引领者，成为课程的开发者和建设者，成为学生学习的引领者、促进者、合作者。在课堂教学中，教师一定要从挖掘和理解教材中去摸索教学方法。经过这次培训，我觉得自己的教育思想有了根本的转变。我深深地感觉到，作为教师只有爱是远远不够的，只会传道授业解惑也不是好的教师，只有与时俱进，勇于探索，敢于创新，尊重学生，具有专业化知识和技能，才可以做一个好教师。

（二）开阔了视野

这次培训，对于我来说是一次很好的充电机会。我们不仅学到了丰富的知识，进一步提高了我们的业务素质，还学习了新技能，并能够把学到的理论知识运用到自己的教育教学中去，我们坚信这次培训能促使自己更加致力于自己钟爱的教育事业。因为每一天都能面对不同风格的教师，每一天都能听到不同类型的讲座，每一天都能感受到思想火花的冲击。耳濡目染的东西很多，但要采他山之玉为我所用，纳百家之长解我所困，却需要一个消化吸收的过程，这个过程也许很漫长，也许会走得很累，但作为一线教师的我会走下去，也能走下去。前边的路很长，前面的人也很多，我不能走到最前沿，但我会朝这个目标去努力。

作为教师，实践经验是财富，同时也可能是羁绊。因为过多的实践经验有时会阻碍教师对新知识的接受，也能一时地掩盖教师新知识的不足，久而久之，势必造成教师知识的缺乏。缺乏知识的教师，仅靠旧有的教学经验，自然会导致各种能力的下降甚至是缺失，这时旧有的教学经验就成了阻碍教师教学能力的发展和提高的障碍。所以，对于这种学习、培训，对于一个教师来说，是很有必要的，是很有价值的。

（三）思想认识得到了提高

这几年的教学生涯，让我已经慢慢倦怠，沉重，沉重得令人窒息。我早已像一台机器，不再有灵感。把教师当成了一种职业，一种谋生的职业。可通过这几天的培训，让我能以更宽阔的视野去看待我们的教育工作，让我学到了更多提高自身素质和教育教学水平的方法和捷径。

（四）加强专业文化学习，做一专多能的教师

想给学生一滴水，教师就必须具备一桶水。通过学习，我更体会到学习的重要性，只有不断地学习，不断地提升，不断加强修养才能胜任教师这项工作。这次培训充溢着对新课程理念的深刻阐释，充满了智慧，使我们开阔了眼界。虽不能说通过短短二天的培训就会立竿见影，但却也有许多顿悟。身为老师，要了解新理念的内涵、要掌握学生的认知发展规律，要在教学实践中不断地学习，不断地反思，不断地研究，厚实自己的底蕴，厚积薄发，以适应社会发展的需要，适应教育改革的步伐。在今后的教育教学实践中，我将静下心来采他山之玉，纳百家之长，慢慢地走，慢慢地教，在教中学，在教中研，在教和研中走出自己的一路风采，求得师生的共同发展，求得教学质量的稳步提高。在这里，我突然感到自己身上的压力变大了。要想不被淘汰出局，就要不断更新自己，努力提高自身的业务素质、理论水平、教育科研能力、课堂教学能力等。这就需要今后自己付出更多的时间和精力，努力学习各种教育理论，勇于到课堂中去实践，相信只要通过自己不懈的努力，一定会有所收获，有所

感悟。

总之，通过本次培训，我定会充分利用所学的新知识新技能，应用到平时教学中，就像老师在总结会上所说的一样，先要动起来，先跨出第一步才是最重要的，我也相信通过此次培训，我们会在自己的教育事业上更上一个台阶。

杨国星

【成果四】

2020 年 9 月 28 日至 10 月 7 日，我非常有幸参加了由湖南环境生物职业技术学院专家和教授为我们带来的为期十天的"送培到校精准培训"项目。虽然是简短的十天培训，却让我受益匪浅，如一缕春风吹进我的心田，对我的大脑也是一次全新的洗礼。在这次学习中，与大家一起学习，一起探讨、交流、碰撞……我们共同走过了一段难忘的心路历程，因为老师和大家都利用国庆休息时间一起学习。我从中学到了很多，也收获了很多。我克服工作与学习的矛盾，充分利用一切可以利用的时间进行学习，在专家认真详细讲解下，我受益良多，随着国培学习逐渐进入尾声，我不免有些感慨，并对这次的学习进行了回顾和总结，感悟如下：

（一）开阔视野，学习新思路

培训学习，让我发现教育是需要远见卓识的。在本次培训中，各位专家老师的讲座，阐述了他们对"如何上好一堂课"的独特见解，对新课程的各种看法，并向我们介绍了比较前沿的教育理论知识，以及如何开展课例研究。从各位专家的亲身体验，从国内教育到国外理念，让我犹如呼吸到清新的空气，为之振奋。

我努力把学习的理论知识转化为实践动能，使之有效地指导平时的计算机教育教学工作。在培训过程中，我把自身对新课程标准的理解与组内的老师交流，并在课堂教学中，用新的练习设计理念指导我的教学，在不断总结的基础上重新发现，如此循环往复，培训班的课堂教学研究让我从有力变得更加有心。同时，我学会了变换角度审视自己的教育教学工作，在新理念的引领下，不断反思、调整我的教育观，正是这种换位思考，让我学会了信任学生，并不断地感受到信任带来的惊喜和力量。

（二）受益匪浅，感受颇深

以前我们的教学虽然有可借鉴的方法、经验，但是与他人的切磋交流较少，因而教学方法也较传统、保守。通过新课程培训，我们认识到了新教学教法和设计的新理念。

首先，要创新。教学是一种技术，更是一种艺术。在把握好教学目标的前提下，对教材、知识点、内容设计、教学评价等进行有效的创新，才能赋予教学充实而富有个性的生命力。只有教师的教法新颖，学生也才会更有创新意识，学生的兴趣也会更浓厚。

其次，要清晰。教学思路、目标、过程清晰。这首先取决于老师的基本功，基本功扎实了，教学自然也就成功了一半。另外，还要在备课时进行大量充分的准备，理清教学脉络。

第三，要灵活。教学内容、过程、教学评价灵活。不能总是一成不变的模式，但是课堂教学也不能够花哨过头。新课程里讲的分层教学、主题教学，自主探究式、分组协作等方式以及多种教学评价给我们以很大的启发，学习之后感到获益良多。最终我们教学要达到的是授人以渔而不是授人以鱼。

第四，要贴近生活、社会、学生。枯燥乏味、难于理解的教学是课堂大忌，以致学生对课堂失望，老师对学生失望，形成恶性循环。学生的兴趣爱好广泛，当我们俯下身来，去了解他们的生活、学习，从中取材，与自己的教学有效结合起来，这将大大有益于教学。

第五，学会评价学生。评价是教学活动中的重要组成部分。评价是教师对学生言谈、举止、学习等方面所做的客观性判断。评价在学生的学习、做人的过程中起着重要的作用。教师评价学生要全面而不偏颇。只有给学生正确的评价，才能给学生注入积极的动力，使他们力求进步，这样就会全面增进师生关系。我以为，要想构建和谐的师生关系，教师就要走进学生的内心深处，与他们进行心灵对话，并摩擦出情感火花；要熟悉、贴近学生的生活，知道他们的喜怒哀乐，关心他们的冷暖疾苦，时刻把学生放在心上，这样，师生关系才会更加和谐，教育教学质量才会得到提高，师生间才会呈现出更为和谐的局面。

（三）继续努力，力求完美

在本次培训活动中，我作为小组代表之一上了一堂课，整个课程实施虽环节齐全，内容详实，但师生互动上，调动课堂积极性上，都还有欠缺，老师和专家们也都对我的课堂提出了宝贵的意见，强调更以学生为主体，每节课至少给予学生25分钟时间，让他们思考，启发他们的思维，通过自己的总结反思来达到学习目标，而不是简单的教师的讲授。注重课堂内容的精悍，力求让学生们每课一得，有所收获，有所感悟。

本次活动最后举行的讲课比赛，六位老师给我呈现的是他们精心准备又十分精彩的课堂，体现他们的思想，他们的教学理念，他们课堂实施、课后总结的策略与手段，让我受益匪浅。

当自己真正在本职工作以及专业研究方面有所作为时，也就真正实现了自己人生的价值，我会沿着新课改的道路走下去，我会一直努力！在以后的教学中，我要做的是：

第一，及时自我反思。从以往的实践中总结经验得失。

第二，不断学习。读万卷书，行万里路，读书是提高自我素养的良好习惯。一桶水早已不能满足学生的需求了，我要不断学习，成为长流水。

第三，多交流沟通。他人直言不讳的意见与建议可能是发现不足、认识"庐山真面目"的有效途径。要听真言，要想听真言，更要会听真言，久而久之对我大有裨益。

杨小霞

【成果五】

百年大计，教育为本。一个立足于世界民族之林的民族，必定是一个具有创新能力的民族，而要创新就必须要有人才，要人才就离不开教育。而承担人才培养根本任务的就是教师，教师的素质直接关系着我国未来建设者的素质和能力。因此，建设一支高素质的教师队伍势在必行。也正是在这样的前提和环境下，我有幸参加了2020年湖南省中职学校"送培到校"培训活动。担任这次培训的讲师是湖南环境生物职业技术学院知名专家、教授和学者。他们知识渊博，治学严谨，是新思维、新模式的展现。他们工作的开拓性和艺术性，都给了我们强有力的震撼。因此，我在此谈一点自己的感受和反思。

（一）树立终身学习的思想

我们要坚持活到老学到老，不断提高自身素质，以过硬的本领，带出一流的好学生，不遗余力地培养国家栋梁。在学习的过程中，要坚持理论联系实际，坚持边学习边思考，坚持动脑和动手相结合，坚持媒体运用技巧与业务专业相结合。要保证学习取得实实在在的效果，发扬求真务实、深钻细研学风，力戒走马观花、蜻蜓点水、不求甚解。要向实际学习，向社会学习，向同行学习，向学生学习。要坚持学以致用，把学到的教育技术真正地、更加有效地用到教学实践中去，从而大大提升教学质量，提高教学效果。

（二）运用信息技术教学的思想。

作为一名新时代的教师，无论是从教学课件还是教学思维上，我们都应该运用信息，积极以新观念、新思路、新方法投入教学，以适应现代教学改革需要，切实发挥新课标在新时期教学改革中的科学性，达到应有的教学效果和作用，使学生获得能力的提高。

（三）做好教学设计工作

教学设计是教学活动的基础性工作，事关教学活动的成败。教学设计是理论到实践的桥梁。一份优秀的教学设计可以是集教学资源的搜索、多媒体课件的设计制作、教学计划的实施和教学评价的形成等为一体的，具有目的性、计划性，达到事半功倍效果的教学方案。

（四）掌握了正确选择教学媒体的技巧

教学媒体既是一种资源，又是一种工具，我们要善于学习，善于运用。要充分发挥教学媒体对教学的支持作用，从而起到事半功倍的效果。要重视教学资源的有效利用。审视教学资源和教学设计的整合，结合教学设计，搜集资源，并创造性地设计、利用资源制作课件，支持自己的教学工作。同时，在今后的工作中，要和同事们共享设计和课件，学会评价资源，评价课件。

（五）更进一步合理运用教学资源

随着时代的发展，每一种新的技术都对教育产生了巨大的影响，以计算机为主的信息技术在教育中的应用，改变了教师的教学行为和学生的学习行为。在教育资源的使用上，我觉得要坚持教学资源的使用原则，坚持教学资源的作用表现，在此基础上，还要在以下几个方面留意：一是选择合理有效的教学软件。二是学生在学习过程中，要不断地选择定位——"在哪儿，往哪去，怎样去，学什么，如何学"，在每一个节点都面临着"找去路"的问题。三是发挥好"主导"与"主体"的作用。处理好教师的"主导"作用和学生的"主体"关系。

本次培训时间虽短，但对我以后的教学设计有很大的指导性作用，尤其是最后课堂展示环节上各位培训老师的点评，让我意识到自己需要提升的方面还有很多，需要在今后的教学工作中不断成长、磨炼。总之，我们传承中华文明，我们肩负历史重托，我们承载民族期待，我们铸造明日辉煌!让我们乘长风，破万里浪，充分利用这次国培的有利时机，把学到的教育技术真正有效用于我们的工作实践，进一步促进我们的教育事业再创新局面，进一步促进我们的教育工作再上新台阶!

曾容

第三节　衡阳县职中教师培训项目的开展

一、培训实施方案

（一）培训对象

该项目计划培训衡阳县职中教师 30 名。旁听人员 6 名。

（二）培训目标

（1）把握新形势下职业教育的变化与特点，树立现代职业教育理念，培养创新精神和改革意识。

（2）提高专业素养及教学教研水平，提升教学改革能力。

（3）掌握现代信息教学技术与方法，提升课程实施能力。通过培训，从课程整体设计、课堂教学、信息化教学设计等方面全方位提升学员的教学素养，促进专业成长，提升教师职业能力。

（三）培训内容

（1）职业教育新理念及课程开发实施办法课程着眼于提高中职学校专任教师的教育理论水平和对课程的全方位认识，进一步指导中职教师科学制定和优化课程标准。

（2）课堂教学能力提升课程着眼于提高中职专任教师进行课堂教学设计的能力，准确把握新的课程教学模式，创新教育教学方法，提高理论指导实践的能力。

（3）信息化教学设计能力提升课程着眼于指导学员运用现代信息技术进行教学设计和教学管理，通过信息技术平台提升教师信息化教学能力。

二、培训心得汇总

【成果一】

文学禹教授在培训中提出，"教师的三重境界：谋生、敬业、乐业"，现阶段的自己处于哪种境界呢？开始觉得十天的培训时间很长，后来却希望时间慢一点，再慢一点，让我能从湖南环境生物职业技术学院的教授和专家老师们那里学习到更多的知识和教学方法。

　　作为一名非师范类毕业,有五年高校行政管理工作经验,却无任何上课经验的新老师,在一得知有国培项目可以参加就毫不犹豫报名了。我是那么珍惜这次国培的机会,培训十天写了整整 50 页的学习笔记,因为怕自己把这些重要的知识转瞬间就忘记了。

　　回顾此次培训,从文学禹教授对新时期下中职教师工作职责和境界的讲解,到刘旺教授对新形势下中职教育改革理念的分析,再到梁称福教授讲授人才培养方案的制定及课程标准的开发、李仕武老师帮助我们分析教师心理和学生心理、韩玉玲老师带领我们一起走进课堂教学设计、胡平霞老师通过自己丰富的参赛经验给我们呈现了国赛一等奖的课堂,最后李蓉老师手把手教会我们微课的设计与制作,将信息化融入我们的日常教学。整个十天的培训让我对教学生涯有了新的认识和感悟。

　　(一)加强师德师风建设,争做一名乐业的好老师

　　立德才能树人,要做一名好老师,首先自己必须具备高尚的品德,增强教师的责任感和使命感,提升自己的思想境界,才能做到以德服人、以德育人。同时也要将思政教育贯穿于自己的日常教学过程中,培养更多具有乐业精神、奉献精神和工匠精神的新时代接班人。

　　(二)加强信息化教学,有效提高课堂效率

　　整个十天的培训,信息化教学贯穿于各位教授和专家的课堂中。他们通过云班课让我们进行课前预习、课中签到和练习、课后巩固,极大地提升了我们的学习效率。这一点特别值得我在以后的教学生涯中借鉴。21 世纪是信息化时代,手机已成为了人们生活中必不可缺的工具。与其上课一味地禁止学生玩手机,不如让手机成为学生的学习利器。这就需要老师进行有效的引导和课堂掌控,来更好地提高课堂效率。

　　(三)以教促赛,以赛促教

　　上半年参加市里面的教学设计比赛,虽然侥幸取得了一等奖,但听了胡平霞老师《教师职业能力竞赛》课程的讲解之后,深感差距巨大,觉得自己在以后的比赛过程中要提升的地方还有很多很多。胡老师在课堂中指出:要想提升自己的竞赛能力,就要将自己所上的每一堂课当成一个比赛现场,这句话让我有很深的触动。是啊!如果能够时刻地这样严格要求自己,备好自己的每一堂课,选取优良的教法,提高学生的课堂参与度;同时,在课中注意自己的仪态仪表,将每堂课当作一次比赛去做。这样不仅自己的竞赛水平能够得到提升,而且教学水平也能够得到极大的提升。

　　经过十天的培训,深深地感叹一句:当一名老师容易,当一名好老师

不容易！不仅要会讲课，能抓住学生心理吸引学生，还要会拍课、录课和视频剪辑。同时，更要具备品德素养，注意日常仪态仪表。虽然身为一名平凡的职专小老师，但也要送袁枚《苔》里面的那句"苔花如米小，也学牡丹开"来勉励自己，希望自己在以后的教学生涯能够绽放自己的光彩。

许巧灵

【成果二】

2019年7月，我有幸参加了"国培计划送培到校"教师培训，参与了培训的全过程，认真聆听专家的精彩讲座，领略了他们幽默风趣的教育风格、先进的教育理论。晚上在学员群中留言和班级的同僚交流，不但加强了理论和专业知识的学习，又和本班的教师一起进行了信息化教学研究。可以说此次培训收获不小，受益颇多。

（一）转变教师教育思想，开阔改革视野

为期十天的培训学习，让我在平常的忙碌中偶尔停下来发现自己在教育中的方向，发现教育是需要远见卓识的。在本次培训中，每位专家老师给我们做精彩的讲座。各位专家老师的讲座，阐述了他们对现代信息化教学的独特见解，对教师职业素养的各种看法，对信息化教学方法的探讨，并向我们介绍了比较前沿的教育理论知识，以及如何开展信息化教学研究。从各位专家的亲身体会，很客观地讲述了教育的本质。

（二）创设情境，达到最佳效果

作为一名教师，我努力把学习的理论知识转化为实践动能。在日常课堂中，从生活中入手找到适合学生的新闻、事件和图片创设生动有趣的问题情境来吸引学生的注意力。在培训过程中，我了解了课堂效率的重要性以及教学目的的明确性，和结果不一定挂钩。关键是学生有东西可学，愿意学；不同层次的学生学到相应的知识。我用新的教学设计理念指导我的教学，在不断总结的基础上重新发现，如此用心地循环往复，是因为培训班的信息化教学研究让我从有力，变得更加有心。

（三）加强专业知识学习，做专业型教师

在忙碌的工作中，培训成了我放松的途径。了解到自己除了教学上有优势，在教研的过程当中自己的缺乏，对于教育历史的了解和专业知识在多年的教学中已经萎缩，也变得越来越窄了。没有深层次学习过，充实过。培训中，我感受到不变无法求新、学无止境的氛围。自己要学习，还要看别人怎么学。在实践过程中敢于迎接挑战，便也敢于创新。

可以说，我们要想做一名优秀的教师，就不能做一潭死水，而是要做那源源不断的源头水，因此必须不断地加强专业知识的学习。

（四）以信息化教学研究为载体，促进教师专业化成长

信息化教学是教师课堂教学"轨迹"的真实反映。信息化教学是老师怎么顺利进行课堂教学的明灯。有了对整个课文的了解，结合所教班级的特点，老师可以量体裁衣地进行课堂的教学。以信息化教学为研究对象开展信息化教学研究，是教师从事教学改革研究的重要方式，有利于促进教师的专业发展。教师的职业成长有一个循序渐进的自然成熟过程，有目的、有计划地开展教学研究及信息化教学研究，能有效缩短教师成长周期。此次培训我觉得让我收获最大的就是信息化教学研究活动。我的心理发生了很大的变化，从最初把研修看成一种负担，变成今天的感激和期盼。培训过程中，我们班的每一位老师都付出了努力，一次次的善意的提醒和总结让我们都有极大的收获。一次次的课后交流，我们的思想都有点点滴滴的改变，凝结成智慧的结晶。在研修过程中，我们付出了努力，收获颇丰，但最让我们感到欣慰的是，我们这些原本陌生的人因为信息化教学研究走在了一起，通过亲密无间的合作，我们坚信，信息化教学研究过程中的这种不服输、不言败、孜孜以求的精神将使我们终身受益。

国培要结束了，我希望永远都有培训，时刻有人对我的教学进行启发和督促。让教育人光荣、坚定地、创新地、信心满满地走下去，走出一条教育的阳光大道。一句话：我学习，我收获，我快乐！

胡小军

【成果三】

7月4日至7月13日，为期十天的线下"精准培训送培到校"培训结束了。感谢学校领导能为我们创造这样一个学习机会，才让我们能近距离聆听到教授专家们的精彩讲座。感谢易校长、罗校长及学校各部门领导放弃自己的暑假休息，做了许多联络、保障服务工作。感谢湖南环境生物职业技术学院的培训团队，是你们渊博的知识和精心的准备，才让我们学有所获！

本次培训内容丰富，形式多样，有专家的精彩专题报告，有优秀的教学案例，也有学员的互动讨论。对我既有观念上的洗礼，也有教学技能上的增长，将促进我教学水平不断提高。听了教授们的讲座，我学会了如何

将"云班课"教学平台用于课堂。听了教授们的讲座，我真正认识到如何使信息技术能更有效地为自己的教学服务，更新了自己的教学理念。

下面，我把自己此次培训学习的心得与小结跟大家分享。

（一）能够加强我校的师风师德建设，提高参培教师的师德修养

7月4日上午聆听了文学禹教授"教师职业道德修养"讲座，分享了好教师的四条标准、教师职业道德规范及 2010 至 2018 年评选的 80 位教书育人楷模。我们听了文学禹教授的讲座，能提高自己的政治思想素质和职业道德水平，能增强从事教育工作的使命感、紧迫感和自我进取的精神，争做教育的楷模。

（二）了解职业教育相关政策

7月4日下午聆听了刘旺副教授的职教 24 条，用党和国家的职教政策和教育教学新标准武装了自己的头脑。

（三）掌握了专业人才培养方案和课程标准的制定

7月5日至7月6日梁称福教授跟我们分享了教育部的两个最新文件：《教育部关于职业院校专业人才培养方案制定与实施工作的指导意见》2019年6月11日和《关于组织做好职业院校专业人才培养方案制定与实施工作的通知》。理解了什么是"三全育人""思政课堂，课堂思政"专业课程体系，等等。

（四）获得了实用的教学技巧与教学新理念

7月7日是刘军教授的《教学过程设计》，弄清了四环节教学模式和七环节教学模式设计上的区别。7月8日至7月9日是韩玉玲教授的《有效课堂认知》是之教学设计，让我感触颇深的是韩教授的每次现场点评环节。7月10日至7月11日是胡平霞教授的《如何备战教师职业能力大赛》。7月11日下午是徐一斐教授的 PPT 制作课，并现场制作了 PPT 课件。7月12日是李蓉教授的《微课设计与制作》，让我们学员都能简单制作自己的微课。我也不会忘记7月10日上午还有一个内容，那就是李士武教授《教学心理和教师心理》的精彩讲座，大家的积极性非常高，讲述了教师该如何利用心理学理论知识来管理学生，管理自己的课堂。

（五）加强了理论与实践的结合

这次培训无论从理论上还是在教学实践上，都是一个能让我进步的有效良机。在这次培训中，我能积极参与大家的交流活动，虚心向同行学员请教，认真学习新课程理念，积极探索有效的教学方法，时刻反思自己的课堂教学行为。

这次培训时间虽然短暂，但是能给我带来强烈的感染和深深的理论引领以及许多教学上实用的东西。

再次表示感谢！感谢学校和培训基地！

屈贵华

【成果四】

为期十天的湖南省职业院校教师素质提高培训项目，已经圆满地落下帷幕，十天的培训和学习，让我记忆深刻。首先要感谢国家的好政策，让我们专业教师有家门口学习提升的机会，免去以往在外地舟车劳顿的辛苦。其次要感谢学校的领导，培训期间在生活上无微不至的关怀，让老师们安心学、踏实学。

在这十天的培训和学习期间，我看到了湖南环境生物职业技术学院培训团队的专业，感受到各位培训讲师的用心良苦，胡平霞老师、韩玉玲老师、李蓉老师、李仕武老师等，都给我留下深刻的印象。十天的学习，我收获满满，以下是我的几点心得体会：

首先，教育理念应该更新。这次教育信息化能力提升培训，我真正地认识到活到老学到老，只有更新观念，不断学习新知，从根本上提升专业素养，才能跟上时代的步伐。作为一名教师，具备良好的信息素养是终身学习、不断完善自我的需要。还应具有现代化的教育思想、教学观念，掌握现代化的教学方法和教学手段，熟练运用信息工具（网络、电脑等）对信息资源进行有效的收集、加工、组织、运用，这些素质的养成就要求我们不断地学习，满足现代化教学的需要。信息化素养成了终身学习的必备素质之一。

其次，信息化教学要充分利用现代教学手段，如蓝墨云班课、学习通、微课等手段，有效为课堂教学服务。李仕武老师的教师心理学讲座，让我深层次地认识到心理学在学生教育教学过程中的巨大能量，要能分析学生的心理状态，能运用心理学手段，把课堂教学和整个学生的教育做到无微不至，让学生的成长符合客观规律。

第三，我们教师要积极地参加各个层次的信息化教学比赛，比赛可以让你的眼界更加开阔，取长补短，是提升教师信息化课堂水平的有效途径，同样也是展现学校软实力的重要途径。

教学永远在路上，学习也永远没有止境。我们要以这次国培为契机，充分挖掘自己的潜能，把整个培训的知识能够很好地投入以后的教学工作

126

中去，学以致用是目标，同时也更加殷切地期望类似的培训更多的出现在教学周期或者是周末，这样将更加有益于教学的实践。

唐超民

【成果五】

为提高我校教师的信息技术水平，使我校教师能充分利用现代信息技术教学资源，提高教学效率，学校组织我们36位教师参加这次信息化教学培训。本次培训工作受到学校领导高度重视，为了方便我们学习，特意争取到这次送培到校的精准培训活动，机会难能可贵，让我们深感在家的温馨。我们有为学分而来，有为提高信息化教学水平而来，经过短短十天的精准培训，我们都感触良多，有所收获。现就个人对此次培训所得收获总结如下：

（一）结识良师，认识到信息素养是教师的必备

认识到良好的信息素养是教师终身学习、不断完善自身的需要。当今社会，一名优秀的教师应具有现代化的教育思想、教学观念，掌握现代化的教学方法和教学手段，熟练运用信息工具对信息资源进行有效的收集、组织、运用。这些素质的养成就要求教师不断地学习，才能满足现代化教学的需要；信息素养成了终身学习的必备素质之一，如果教师没有良好的信息素养，就不能成为一名满足现代教学需要的高素质的教师。

（二）提升视野，感受到信息化教学的魅力

随着教育信息化的发展，信息技术以前所未有的速度进入课堂，越来越多的学校管理者要求教师不断学习新的知识和技能，特别是通过变革学习方式，以促进学习者发展适应信息时代所需的知识、能力和素养，并逐步探索新型信息化教学模式，以适应这种新的变化和挑战。胡平霞老师讲述了自己2014年到2019年的参赛基本情况，分享了自己的参赛体验并给我们欣赏了国赛的一些经典作品。那些优秀的作品开阔了我的视野，让我感觉到先进的多媒体应用在教学上的巨大魅力，我憧憬未来教育信息化时代的到来，更激发了要不断学习、不断完善自己、不断充实自己的决心。

（三）观念更新，注重教学过程评价

梁教授给我们讲授了现代教学要充分利用网络教学平台对学生进行过程评价，使我在观念上有一个更新。我们平时的教学确实过少注重过程评价，以致学生对自己的学习也不够重视。网络学习平台不仅可以让学生看到自己在学习过程中的学习成果，也可以让老师掌握学生的学习情况，对

教学活动的开展进行更好的把控。我们要贯彻"以教促学，以学促教"的理念。

本次培训时间虽短，但对我以后的教学设计有很大的指导性作用，尤其是最后课堂展示环节上各位培训老师的点评，让我意识到自己需要提升的方面还有很多，需要在今后的教学工作中不断成长、磨炼。

欧丹

第四节　洞口职中教师培训项目的开展

一、培训实施方案

（一）培训对象

洞口职业中专学校 50 名在职教师。

（二）培训目标

为贯彻落实习近平总书记关于教师工作的系列重要指示精神，切实提升职业院校教师素质能力，湖南省启动了"送培到校，精准培训"项目。通过培训，从课程改革、课堂教学、信息化教学等方面全方位提升学员的教学素养，促进专业成长，提升教师职业能力。实现如下培训目标：

（1）把握新形势下职业教育的变化与特点，树立现代职业教育理念，培养创新精神和改革意识，提升教学改革能力。

（2）提高专业素养及教学教研水平，提升课堂教学能力。

（3）掌握现代信息教学技术与方法，提升信息化教学能力。

（三）培训内容

根据湘教职培办〔2020〕2 号文件，2020 年"送培到校精准培训"项目中职学校在职在岗专任教师培训内容主要安排三部分内容：职业教育新理念及课程开发、课堂教学能力提升、信息化教学能力提升。

职业教育新理念及课程开发实施办法课程着眼于提高中职学校专任教师的教育理论水平和对课程的全方位认识，进一步指导中职教师如何科学制定和优化课程标准。

课堂教学能力提升课程着眼于提高中职专任教师进行课堂教学设计的能力，准确把握新的课堂教学模式，创新教育教学方法，提高教学实践能力，最终实现课堂教学的有效性。

信息化教学设计能力提升课程着眼于指导中职教师运用现代信息技术进行教学设计和教学管理，通过信息技术平台提升新范式下教师信息化教学能力。

二、培训心得汇总

【成果一】

为期十天，横跨一个月的教师国培已结束。经过这次的国培，聆听了湖南环境生物职业学院培训专家、教授的专题报告，在教育专家的引领下，让我对现在的教育和现代化课堂有了更新的认识与见解。这次的培训不是头头是道的理论的烦琐分析，是结合现代化、信息化，让理论与实践对接的内化。结合我自身的实际情况，我觉得本次培训帮我化解了教学过程中的一些困惑、烦恼，从而使我对新课改有了更深的认识，也意识到新课改的重要性及必要性。在培训中，我进一步认识了新课程的发展方向和目标，意识到自己以往在工作中的不足。作为一名这学期才刚刚入职的新教师，我深知自己在教学上理论不足，经验不够，我想这次培训对我今后的实际工作有着重要的指导作用，可以说此次培训收获颇丰、受益匪浅。现将我这次培训学习作如下总结：

（一）教学资源的调整

以往在教学过程中，我们采取的都是简单、呆板的、多文字形式的PPT，更多的时候以课本讲授为主。学生在上课过程中面对的都是枯燥无聊的学习资源。

其次，由于意识上的局限、思想上的短板，教学资源的信息化，在实际教学过程中应用的并不多，基本还是以十多年前我自己高中时代老师上课的模式为主，殊不知，由于时代的发展，现在早已发生了天翻地覆的变化。

在这次培训中，培训专家给我们展示了许多优秀的课件、教学资源，其中不乏一些国赛、省赛一等奖作品，在第一次观看的时候，着实有一点惊讶，惊讶视频中课堂的有趣、惊讶学生的参与度、惊讶教师和学生的互动是如此之多、惊讶整个课堂中学生的主体地位以及教师的引导地位，与我自己的课堂产生了巨大的反差，使我深深地意识到信息化的重要性。

个人觉得在互联网时代，资源共享是互联网的一大特征之一，我们作为教师，要跟上时代的步伐，顺应时代，合理、恰当地应用互联网的便利，从互联网上获取信息、资源，并通过自己的判断、思考，选择适合教学的部分应用到教学中是十分有必要的，不仅仅能够多样化教学资源，丰富教学内容，更能激发学生的学习兴趣，在课堂中多样化教学资源的应用也更能吸引学生的注意力，增加学生学习的主动性、积极性。

我深刻地意识到作为信息时代的教师，传统意义上纯粹的依靠课本这一单薄的资源来"传道、授业、解惑"已远远不能应对已经改革开放三十多年的今天，如果教学资源不更新、不丰富，那么教学理念、教学方法并不能特别好地落到实处。教学资源的信息化，信息化资源的收集、制作，教学课件的制作与优化都要求我们教师要不断地学习提高，做创新型教师、研究型教师、引导型教师。教师如果没有认识到自己学习的必要性、重要性，总是用陈旧的知识和老化的观念去教育现在的学生，那其结果必然是被社会无情地淘汰。

今天，我们农村中学可能还不能体现知识媒体的进步和信息时代的快速传播，但学生可说也是见多识广，知识量也在飞速增长。学生除课堂学到的知识外，在广阔的课外天地里，古今中外、天文地理都在接触，他们每时每刻都在产生许许多多"稀奇古怪""异想天开"的问题。面对这种情况，我们老师也只有不断地学习新的科学文化知识才可以应对。由此可见，作为一名教师，应同时具备双重身份：既是教师，又是学生，教师为"育人"而学习。

作为教师，我们的学习不是一般的学习，而是基于一个教育者的学习。我们最终的追求是育好人，为"育人"而学习是教师的天职。我们应当积极参加上级组织的各种培训，继续学习，形成活到老学到老的终身学习观念。应当不断学习新的教法，新的教育教学理念。让自己成为"源头活水"，更好地滋润学生渴求知识的心田。

（二）打造高效课堂之思考

打造高效课堂早已有所耳闻，但是对于我而言其实是有难度的，由于教学理论与经验的不足，打造高效课堂更多的是有心无力，不知从哪里下手。

经过本次培训，我对于如何打造高效课堂有了一点浅薄的认识。

个人觉得打造高效课堂，不仅仅是教学资源的信息化，教学资源是为教学环节服务的，只有把教学的各个环节准备好了，打造高效课堂才有可能。

第一是学情分析，根据每一个班学生的实际情况，去思考学生当前的情况，以及学生可能到达的高度，切记不要好高骛远、脱离实际。开展学情分析是为了让学生在自己的能力范围内学习到更多知识。在进行学情分析的时候，学生的方方面面都要照顾到，要符合学生的接受能力，分层设计合适恰当的教学目标。

第二是教学目标，要明确具体、有可操作性。以往的教学我们是从知识目标、能力目标、情感目标来设定，经过这次培训，我深刻意识到以往教学目标的模糊、不清晰、不可操作性。在今后的教学中，教学目标必须要从知识与技能目标、过程与方法目标、情感态度与价值观目标出发，将以往对学生的要求由掌握、了解等模糊、不可操作的词语修改为说出、写出、解答等实实在在、具体、可操作的要求。我想，这样学生自身也会有明确的目标、有衡量的标准。

第三是导入环节。俗话说，兴趣是最好的老师。在正式上课中的导入环节，就得思考该如何设计导入环节才能更好的吸引学生的注意力，激发学生学习的兴趣，引起学生探索、学习知识的动力。一旦学生对学习知识产生渴求，那么学习的效率、积极性、主动性都会大大的地提高，最后的学习效果也会非常好。

第四是课中，学生的参与度。有学生参与的课堂才是高效的课堂，把课堂的主体性还给学生，教师承担引导的角色。将学生的学习从教师讲满堂课、学生填鸭式的被动学习调整为教师引导、学生参与、学生主体的课堂，学生参与、学生主体的课堂，对于学生的思考、思维等各方面的锻炼都是极好的，学生参与则其注意力不会脱离课堂，亲身参与、经历则其记忆更加深刻。更重要的是学生不再是填鸭式教育，学生主动探索学习，对于学生的创造力、创新能力以及今后的学习能力、职业发展都具有重大意义。

第五是课后，要根据课堂内容，都要设置适当的目标，引导学生在课堂知识地基础上，不仅仅是巩固知识，更重要的是进一步探索、应用知识。把课堂的理论知识与实践相结合。

不管是课前、课中、课后，都要设置合适的评价环节，对学生在课前预习表现、课中的参与表现、课后的自主表现进行适当的评价，给学生以期待，能促使学生更加积极地学习。也能以此为标准掌握学生学习的各个方面、不同学生之间的差距、每一节课是否有效等信息，是对课堂的有效反馈。

（三）培训前后的对比

还记得培训第一天，我作为教师代表上了一堂课堂诊断课，由于从未参加过培训,加之本人学的是计算机,从未受过师范教育,对于如何备课、上课,不仅仅是经验不足,更多的是理论不足,没有理论来指导实践,更无从下手,故而我匆匆忙忙按照传统的、呆板的教学过程准备了八页PPT,又没有在上课之前进行模拟练习,最后上课的效果可想而知。且不说上课过程中出现的错误以及其他问题,至今为止我都还深深记得两件事情:第一件事情是坐在讲台下面听课的老师中有一位听着听着睡着了,现在回想起来,当时我上的课是多么枯燥无聊呀;第二件事是培训结束当天,叶文英老师都还记得我当时上课准备的就是简简单单、内容单薄的八页PPT,可以看出培训前我上课时教学资源的匮乏。

而经过这一次国培,在国培的结束当天,我上了一堂汇报课,在这堂汇报课上,我充分利用在本次培训学到的知识,不论是教学方法还是教学资源的准备上,相比上课堂诊断课都有了相当大的改观,教学资源我不仅利用模块做了有良好效果的PPT,并且在PPT中嵌入了动画等各种元素,还利用互联网在网上寻找和课堂知识相关的视频和资源并进行下载,再利用在本次培训中学到的软件对视频进行了剪辑、修改,用到了本次课堂中。教学方法上,采用了游戏的方式进行导入,在教学中,通过游戏环节、实践操作去讲述原理,最后加入课程思政元素,引导学生去思考职业精神与技术的正当用途,课后给学生布置了明确的、可操作性强、课评估的实践作业,并给予了作业相关的资源与操作步骤。在最后的评课环节,各位老师都明确地感受到我与第一次上课相比在教学资源的应用、教学手法上均有了巨大的进步。

(四)展望未来

在今后的教育教学活动中,我将继续虚心地利用本次培训的知识以及心得就就业业地奉献,踏踏实实地工作;不断学习、积累教学资源和信息化的制作资源;不断优化自己的教案、教学环节、教学过程,进行反思,在打造高效课堂的路上继续前进,争取早日成为一名优秀的人民教师。

尹显彬

【成果二】

从参加国培开始到结束,这一个月时间过得很快。这次国培虽然已接近尾声,但是却给我留下了深刻的印象。收获最大的是对我思想上的冲击。每次的感觉是幸福而又充实的,因为可以感受到优秀教师的不同风采,能听到老师们的点滴心得，能感受到思想火花的冲击。大家也能畅所欲言，分享资源，点滴之感碰撞出一个个美丽的火花。

（一）听讲座，受益匪浅。

各位专家的讲座为我们的语文学科教学注入了新鲜水源，给我们带来了启迪、熏陶和精神的享受，让我们饱享难得的文化大餐。多年来，如何评价学生的作文一直困扰着我，通过培训，我明白了在评价学生作文时从以下几个方面着手：一是批语做到导向和激励作用。二是评价方式多元化。在评价作文时，采用师评、自评、生生互评的方式，从而让学生吸取他人的优点来弥补自己的不足，有利于写作水平的提高。专家们的精辟讲解，名师的精彩课堂，都给了我深深的感触。

（二）领略专家风采

本次培训结合语文学科特点，聘请了许多湖南环境生物职业技术学院的知名专家和一线优秀教师，汇总湖南当地的教育资源，开设了一系列的课程，对一线教师进行理论和实践的指导。

胡平霞教授和刘军教授对课标的解读给我"洗脑"，他们用科学实用的教育理念指导我们准确的教学。黄艳华教授对课程改革、课程体系的构建，徐一斐教授对教学信息化以及课件制作、课件美化的技术操作非常到位。刘妍君教授的高效课堂的思维导图手段让我非常惊叹。韩玉玲教授的BOPPPS教学模式发人深醒，并让我学习到更严谨有效的教学手段。各位专家高深的科研精神以及熟练技术，让我佩服，令我信服。

（三）感受同行激情

本次培训不是局限于专家讲座与学员聆听，而是采用了多种方式，如班级专题研讨活动、组内评优活动、小组互评活动等，学员积极主动地参与其中，将理论学习与实际操练相结合。本来陌生的人因为国培而走近，因为是同行而亲切，因为网络而结为好友。学员们交流互动，提出丰富的教学案例，或讲解点评，或回答提问，或共同探讨，碰撞出思想的火花。组内学员集体参与，共同打磨出了精美而又实用的一节节课。学习过程中的彼此激励更让人热血沸腾。"挑战自我，发展自我，实现自我，超越自我。在完善自省中一路前行，踏歌起舞。""品文化典籍，探语文教研新路。话秀美江山，甘为学子人梯。""梦想不变，脚步向前。"这只是教师队伍中的一角，却折射出全部。

（四）促进专业知识的提升

培训既紧张又忙碌，因为在培训中，我感受到了一种孜孜以求、学无

133

止境的氛围。这种严谨实效的氛围，让我每听一课都认真准备，精心揣摩。在实践过程中敢于迎接挑战，便也敢于创新。可以说，是培训激励了我的意志，启发了我的心智，让我更加执着地扑在小学数学的教育教学实践上。努力做到"要想给学生一碗水，自己必须得有一眼源源不断的源头水"。所以我们要想做一名优秀的骨干教师，必须要不断加强专业知识的学习。平时教学中以课堂教学研究为载体，促进自身专业化成长。课堂教学是教师教学实践的真实反映。以课堂教学为研究对象开展课题研究，是教师从事教学改革研究的重要方式，有利于促进教师的专业发展。教师的职业成长有一个循序渐进的自然成熟过程，有目的、有计划地开展教学研究及课题研究，能有效缩短教师成长周期。此次培训我觉得让我收获最大的就是认识了课题研究活动。

在历时近半个月的培训过程中，我的心理发生了很大的变化，从最初把个人研修看成一种负担，变成今天的感激和期盼。培训过程中，我们班的每一位老师都付出了艰辛的努力，我们都有极大的收获。一次次的网络培训平台交流，云课班上的无数次知识探究性的聊天讨论，我们的思想碰撞出火花，凝结成智慧的结晶。在执着的研修过程中，我们付出了不懈的努力，收获颇丰，而且大家通过亲密无间的合作，成为一个具有凝聚力的永久性学习团队。

我坚信，大家只要以这种孜孜以求的精神相互学习探究，虚心向其他老师学习，积极利用自己的空余时间听不同科目老师上课，吸取别人的长处，以补自己的不足，它将使我们受益无穷。这次培训真的让我获益良多，不仅提高了理论水平，丰富了实践经验，还收获了浓浓的友情。我相信：国培之后更精彩！

彭倩

【成果三】

我很荣幸参加了湖南省教育厅洞口职中2020年"送培到校，精准培训"项目，通过这次的培训学习，我本人收获较大，获益匪浅，学到了许多新的知识，也看到了自己与他人的差距，眼界开阔了、思考问题能站在更高的境界，许多疑问得到了解决或者启发，对我们的教育与新课程又有了一个新的认识。在今后的教学实践中，要努力学习，不断提高自己的业务水平。下面将我的学习心得小结如下：

（一）要懂得欣赏与爱

作为一名教师，只有会欣赏孩子、爱孩子，才会赢得孩子们的爱与尊敬，"亲其师才能信其道"。轻松、活泼的课堂气氛，生动、幽默的讲解，新颖、独特的教学方式。孩子们那发自内心的笑声，亮晶晶闪烁着求知欲的眼睛，下课后意犹未尽、恋恋不舍的表情，就是对教学最好的评价。要让孩子们真正地喜欢，真正地想要学习，真正地想要跟随老师进入那奇妙的知识殿堂。

（二）创设情境，充分激发学生的学习兴趣

在教学实践中，要充分利用形象生动的多媒体。从日常生活入手，从息息相关的生活中创设生动有趣的问题情境，吸引学生的注意力，激发学生的学习兴趣，并让学生感到学习的快乐，初步体现与现实生活的联系。

（三）用自身的情绪感染学生

教学过程中要以教师为主导、学生为主体进行，教师本身要有良好的亲和力、睿智的幽默感，使整堂课充满活力，让学生在轻松愉快的氛围中学习知识。因为课堂上少了师生间的拘谨，就多了平等的交流和探讨。

（四）提高学生自主学习能力

随着科学技术的发展，互联网的运用，学生学习知识的途径已经多种多样，不再是过去单一的课堂授课学习的单一模式了。我们的教师应该教会学生怎样学习，而不仅仅是学什么。自主学习与课改的思想观念是不谋而合的，其最终目的不是让学生学会如何取得优秀的成绩，而是学会如何应付未来的挑战。教师应提倡合作式、活动式教学，激发学生学习的积极性。

（五）要实现课程的有效备课

新课程开阔了人们的教学视野。教学是师生双方的交往过程，课堂教学是一系列激发学生积极参与探究活动的事件。新课程的备课要在传统的"为学生"备课的基础上，更加强调"让学生"的备课。观念是行为的"指挥棒"，教师要在新课改的精神下转变观念，要实现新课程的有效备课。

（六）在平凡的工作学习中，要虚心反思，不断提升自我

在培训中，我充分理解了教师的敬业精神的内涵，它不仅表现在对教学工作的职守，以尊重、信任的态度关怀学生，而且更重要的表现在对教育事业的孜孜追求和不断完善上。要求我们在奉献自己的同时，更要不断地汲取，不断地超越自我，要有勇于创新与创造、锲而不舍的追求的精神，积极探索教育教学规律，科学施教，开阔自己的教育视野。通过不断的学习和实践，逐步完善自我，以便取得良好的教育教学效果。

（七）要给学生提供探索与交流的空间

这样才能培养学生养成良好的学习习惯，也有利于学习能力的提高。

每节课的教学力求做到：先尝试后讲解，先猜想后验证，先独立思考，再小组合作交流。用数学的眼光去思考、倾听、交流、归纳，从而使学生获得良好的学习动力，获得可持续性的发展。数学老师应着眼于方法能力、逻辑思维能力培养等各方面的训练，而不能只盯着眼前，如果真正在教学中关注了、注重了学生的可持续发展，将会取得事半功倍的成效。

（八）要发挥现代化教学手段的优势

教师还可用现代化教学手段创设情境，把课本中的情景图制作成动画课件，充分利用它的形、声、色、动、静等功能，使静态的画面动作、抽象的知识形象化、具体化，渲染气氛，创设学习情境。

（九）给学生自信，提高学习积极性

在教学中，教师要时刻关注学生的情感态度变化，采取积极的评价，较多地运用鼓励性的话语。如：很好！你说得真好！你非常棒！你的想象力真丰富，等等。调动学生积极探求知识的欲望，激发学生学习的情感，让每个学生体验成功，增强自信心。教师经常称赞学生，能促进师生间的融洽和友谊，使学生真正地成为学习的主人。

通过这次培训，我取长补短，见识到了很多老教师的风采，也认识了不少优秀的年轻教师，通过交流，我了解了自身确实还有很多不足的地方，可以向他们学习、请教，对我自己也是一种成长的好方式。我相信通过自己的不断努力一定会有所收获，有所感悟的。"终身学习，终身受益"，我要以这次培训为起点，在以后的教学中慢慢吸收这些知识，做一名合格的进而优秀的数学教师。

本次活动让我们不出家门即可学习最前沿的教学理念、受到名师的指点。这次培训好似那源头活水，滋润着我的心田。新的起点需要新的奋斗，新的奋斗需要旗帜作为引导，这次培训就是一面很好的旗帜，在思想、行动和实践工作上给了我切实的指导和鼓励。在今后的工作中，我将以本次培训精神为指导，以自己的实际行动来为教育做贡献，实现自身价值。

唐宏

【成果四】

11月28日至12月28日，我参加了由湖南省教育厅主办、湖南环境生物职业技术学院承办的2020年国家级培训项目——湖南省中等职业学校送培到校精准培训培训班，进行为期10天的学习。本次培训安排了多位教授、研究员给我们做精彩的讲座。各位专家的讲座，阐述了他们在职业教育教学方面的独特见解，对新课程的各种看法，对教学思想方法的探讨，并向我们介绍了比较前沿的教育理论知识。听了他们的讲解，我的思想深深受到震撼：作为一个农村中职学校的数学教师，我思考得太少，如何来定位自己的职业，自己的教学学生喜欢吗？自己的工作家长满意吗？我一定要这样提醒自己，鞭策自己，激励自己努力前行。经过认真听讲，认真做笔记，课后相互学习，虚心向教授请教，消化课堂内容，我收获颇大，现将自己在信息化教学、教学设计、教学方法等方面的心得体会总结如下：

（一）思想方面

以习近平新时代中国特色社会主义思想为指导，落实立德树人根本任务，坚持面向市场、服务发展、促进就业的办学方向，健全德技并修、工学结合育人机制，构建德智体美劳全面发展的人才培养体系，突出职业教育的类型特点，深化产教融合、校企合作，推进教师、教材、教法改革，规范人才培养全过程，加快培养复合型技术人才。

（二）在学习中反思

"一个人能走多远，看他与谁同行，一个人有多优秀，看他有什么人指点，一个人有多成功，看他与什么人相伴，有几位好同伴，将会成就你的一生。"当我听了几位专家的讲座，真是受益匪浅。激起我心中的许多感想，让我树立了新的正确的教育观，感悟到要善待学生，尊重生命。学到了自信，学到了方法，感悟至深。作为一名教师，我认为这种观念的形成是很重要的。有了这个观念的引导，在今后课程改革中尽管可能会碰到各种各样的问题、挫折，但我会去探索、解决。

作为一名教师，不能只是课堂技术的机械执行者，而必须是课堂实践的自觉反思者。一定要在课堂教学中保证"学生主体""教师引导"的地位，教法要结合实际，就地取材，灵活机动，要因人而异、因生而异，生源不同，各有千秋，要针对学生，因材施教。教学有法，教无定法，贵在得法；形成自己的教法，形成自己的特色，形成自己的风格，教出自己的风采。教师必须要有开发课程和整合课程内容的能力。只有这样才能用好教材、活用教材。还应该不断地学习，不断地增加、更新自己的知识，在教学中预设与生成的矛盾，这样才能将教材中有限的知识拓展到无限的生活当中去。

（三）在反思中进步、成长

通过学习，我清醒地认识到，专家与名师，之所以能成为专家与名师，是因为他们那广博的知识积累和深厚的文化底蕴。能够"恰当把握教学生成"，是与他们辛勤的付出、不断地积累总结分不开的，"不经一番寒彻骨，哪得梅花扑鼻香"是他们的最好写照。作为一名教师，要想以高贵的姿态行走，就要在教学中学会反思，在反思中总结，真正提高教学能力，做一个智慧型的老师。因此，要做好以下几个方面：

1. 促进自己向专业化的发展

社会在发展，科技在进步，也就要求教育的不断更新，需要可持续的发展。能否对学生实施高素质的教育，促进学生主动、活泼、生动地发展，关键在于教师的素质。只有通过在教育中不断学习，在学生实际情况的基础上对教学有所创新，才能逐渐提高教学水平。教育将更进一步注重对学生创新和实践能力的培养，进一步接受以人为本的理念；听了专家的报告，使我明白每个学生都能够学习，并且能够学好，成为优秀的学生和未来社会的成员。"老师的能耐是让一个不爱学习的孩子爱学习了"。因此，教师就应着力于将经验内容转化为学生容易理解和接受的内容与形式。专家的讲座，让我认识到教师应由经验型向专业型转化，传统型的教师已不适合新形势的需要。因此我们要不断提高自身素质，不断地用知识来充实自己，并逐步向专业化教师转化。

2. 努力转变好角色

新课程倡导学生主动参与、乐于探究、勤于动手，培养学生收集和处理信息的能力、获取新知识的能力、分析和解决问题的能力以及交流与合作能力。它还注重在学习过程中培养学习和做人的品性。要使学生的学习从"要我学"到"我要学"的这种巨大变化，在孩子们身上凸显出来，兴趣是最好的老师。老师的引导和鼓励让他们在学习中获得快乐。把价值引导和孩子的自由发展结合起来，体现了价值引导，同时又注重学生快乐地学习，不强迫学生去被动地接受，而是满足学生的需求。学生不但主动快乐地学习了知识，努力创造一个想说、敢说、喜欢说、有机会说，并能得到积极的应答的环境，学生在交往中，在生活中交流和表达，不仅语言得到发展，其他各方面的能力也得到发展。为此，教师必须转变自己的角色地位，顺应课改的需求，把放飞心灵的空间和时间留给学生，营造宽松自由的课堂氛围。在这种轻松的氛围里真正地引导学生们积极、主动地学习，鼓励学生大胆去学，真正让学生成为主宰学习的主人，学习活动参与者、探索者与研究者。只有这样，才能培养出新时期"发现型、发明型、创造型、创新型"的学生。

3. 教师要做好"言传"和"身教"的表率作用

（1）用心去热爱学生。教师应该是一位雕塑大师，能将一块坯材，用自己的思想与感情，将它雕塑成一件艺术精品。从本质上看，学生并不存在好与差之分，"差生"之所以"差"，原因在于他们潜能被种种主客观因素所束缚，而未得到充分的释放而已。因此，我们教师对这些所谓的"差生"，更应加倍地关爱与呵护。教师要心胸宽广，能够听取各种不同意见，要严于律己，宽以待人，要多一些理解之心、关怀之心、友爱之心，这样给学生良好的示范作用。在他们身上，我们要倾注全部的爱，去发现他们学习上每一点滴的进步，去寻找他们生活中，品德上每一个闪光点；冰心曾说过："爱是教育的基础，是老师教育的源泉，有爱便有一切。"要想成为一名优秀的人民教师，我们首先要爱学生。因为，我们每天面对的是一个个有着鲜活生活，一个个正在茁壮成长的学生，我们要把他当作一个能动的人，给他们一个自由的空间，尊重平等地对待他们、关心他们，和他们成为无话不说的好朋友；从而缩小师生间心灵上的距离，使他们产生"向师性"。然后运用激励机制，加以充分的肯定和激励，让学生感到温暖，增强自信，这样，他们才会在成长与发展的道路上有一个质的飞跃，更会使教学收到事半功倍的效果。

（2）用自己的言行去感染学生。教师要以自身的行为去影响学生，真正成为学生的表率，使学生从教师身上懂得什么应为，什么不可为。因此，教师的教学，待人接物，行为举止，一言一行都必须认真、稳重、规范、得体，切不可马虎、轻率、任性、不负责任。此外，教师还应和学生进行经常性的心灵沟通，向学生敞开心灵，既可以向学生谈自己从人生中取得的宝贵经验，也可以向学生坦诚地公开自己的生活教训，使学生真正感受到你不仅是良师还是益友。

上课是一门艺术，除了有一定的知识结构外，还要有一些技巧和方法。教师上好一堂课，最主要就是有自己的特色，有自己的灵魂，有不同的方法可以学习、借鉴。国培活动是短暂的，但无论是从思想上，还是专业上，对我而言，都是一个很大的提高。专家结合自身的成长给我们做的一场场精彩讲座，为每一位潜心求学者提供了丰盛的教学营养大餐，为我们教师的健康成长又一次指明了方向。愿我们的教师像大海那样敞开胸怀容纳百川，像太阳那样，不断地进行新的核聚变，积蓄新能量，做一支永远燃烧不尽的蜡烛，去照亮人类，照亮未来。为了我们的教育，为了我们的学生，也为了我们自己，时时处处都要注重自己的师德修养和人格塑造，并加强自己的理论素养和专业技能的学习和提高，一切从实际出发，切实担负起教师应尽的责任和义务。

本次培训也让我知道，作为一名合格的中职教师，必须要加强自身的文化修养，培养良好的人文精神。在加强自身修养方面，我需要在情感上对学生做到真诚而丰富。我要不断提高自身的能力和修养，引导我的学生发现美、感受美，并能创造美。我还要注重笔耕，使自己变得更加厚实。多读书、多动笔，及时总结自己教学的缺漏，在不断反思中和我的学生一起成长。培训是短暂的，但收获是充实的。我站在了一个崭新的平台上审视了自己的教学，对今后的工作也有了明确的方向。这一次培训活动后，我要把所学的教学理念，咀嚼、消化，内化为自己的教学思想，指导自己的教学实践。经过专家精辟的讲解和同仁的讨论，我不仅从理论的高度了解到了新课程改革的必要性和重要性，而且也得以从感性上了解新课程理念下的课堂教学，无论从形式还是从内容上都让我学到了很多知识，有着不同寻常的意义。我会继续努力，认真学习，把所学知识用到教育教学中，让学生乐学、会学，期盼在三尺讲台上挥洒绚丽的人生！

朱勇华

第五节　常宁二职教师培训项目的开展

一、培训实施方案

（一）培训对象

参培教师名单：30人。

（二）培训目标

（1）把握新形势下职业教育的变化与特点，树立现代职业教育理念，培养创新精神和改革意识。

（2）提高专业素养及教学教研水平，提升教学改革能力。

（3）掌握现代信息教学技术与方法，提升课程实施能力。

通过培训，从教师职业素养、课程整体设计、课堂教学、信息化教学设计等方面全方位提升学员的教学素养，促进专业成长，提升教师职业能力。

（三）培训内容

（1）职业教育新理念及课程开发实施办法课程着眼于提高中职学校专

任教师的教育理论水平和对课程的全方位认识，进一步指导中职教师科学制定和优化课程标准。

（2）课堂教学能力提升课程着眼于提高中职专任教师进行课堂教学设计的能力，准确把握新的课程教学模式，创新教育教学方法，提高理论指导实践的能力。

（3）信息化教学设计能力提升课程着眼于指导学员运用现代信息技术进行教学设计和教学管理，通过信息技术平台提升教师信息化教学能力。

二、培训心得汇总

【成果一】

由湖南省环境生物职业技术学院精心策划的国培计划（2019）"送培到校精准培训"活动圆满结束，通过参加此次活动，我受益匪浅。经过"专家讲座+课堂诊断"、教授授课、成果展示这几个环节，我从中学到了很多课堂的教育教学技巧，比如如何开展学生的合作学习，如何更好地实施课堂评价。领略到了老师们的教学风格，深厚的教学功底及精湛的教学艺术。从而有效地提高了自己的认识水平和理论水平，进一步增强了自己战胜困难、抓好教育教学和提高自身业务水平的信心和决心。下面我谈几点体会：

（一）审视自我，重新定位

作为一名在地级市工作的年轻教师，这次"送培到校"使我开阔了眼界。常言道："山外有山，人外有人。"事实的确如此。几位专家老师给我们带来了新的教学理念和教学手段，尤其是刘军教授的翻转课堂和韩玉玲老师的有效课堂认知。他们所教授的内容正是我们目前中职学生课堂能够应运到的。巧妙地将课堂知识点与生活合理地结合起来。让我认识到作为一名教师，必须具有渊博的知识、熟练的操作技能、良好的思维品质，并在此基础上形成自己独特的教学风格。与其他老师相比，我身上或多或少还存在着许多不足之处。作为一名年轻教师，我应该在以后的工作中更加勤奋，虚心学习，积极钻研专业知识，努力学习如何上好优质课。

（二）重视导入，引领课堂

课堂导入环节要精心设计，充分体现出每一课的特色。好的课堂导入，不仅需要形式新颖，还要合理过渡。导入可以运用歌曲和视频资源等，题材都围绕教学内容，合理过渡到后来的教学环节，才能激发学生的兴趣。要注重教学资源是否符合本学段学生的理解能力，是否能很好地导入新课，同时还要注意控制好时间，使导入环节更好地起到复习旧知识、引入新知识的教学功能。合理的导入，在教学中至关重要，对课堂起着关键性的作用。在此后的教学中，我将更好地运用新颖的导入设计理念，将本次所学感悟更好地运用到日常的教学工作之中。

（三）合理有效，提升课堂

有效课堂教学的前提是激发学生的学习兴趣，爱因斯坦曾说过："兴趣是最好的老师。"学生只要有了兴趣，就会有学习的积极性，就会由被动变主动，由死记硬背到灵活运用，由乏味变趣味，从而积极参与到教学中来。

如何培养学生的学习兴趣，这考验着老师的个人掌控课堂能力。有效课堂教学的保障是尊重学生的实际水平，在教学设计时，要以充分尊重学生已有知识经验为前提，教师设计的教案要符合学生的实际情况。例如，怎样引出新知识，怎样用同学们熟悉的生活现象去解释一个概念，怎样创造情境，怎样归纳学过的知识等，都要切合学生的实际，才能引起他们的兴趣。建立融洽的师生关系，营造有效的学习氛围，带着笑脸走进课堂，以情激情。

通过此次"送培到校精准培训"培训，我也反思了自己的课堂教学，让我在教学手段方面有了很大的进步。将会在今后的教学中优化自己的课堂。通过使用云班课APP，我领会到了网络的魅力，在我的课堂上也让学生使用了云班课，同学们课后将自己演唱的视频上传到云班课。通过送培下乡的各位教师们细心讲解和传授，我也解决了我在课堂教学中的困惑。我相信通过这次"送培到校精准培训"培训，我将在以后的教学中做得更好。

最后感谢此次国培活动提供学习平台和机会，道一声各位老师辛苦了。

胡姣英

【成果二】

2019年11月15日至12月9日，我有幸成为湖南省"送培到校精准培训"班中的一员。这次培训内容丰富、形式多样，专家的教育教学理念、人格魅力和治学精神深深地印在我的心中。他们所讲的内容深刻独到、通俗易懂、生动有趣、发人深省。他们先进的教育理念、独到的教学思想、全新的管理体制，对我今后的教育教学工作无不起着引领和导向作用。这次培训之后，更增强了我努力使自己成为科研型教师的信心和决心，给了我强烈的感染和深刻的理论引领。下面是我在培训中的几点心得体会：

（一）注重智慧教育，用真心去温暖学生

文学禹教授为我们带来师德师风建设方面的讲座，他用幽默的语言、饱满的激情、丰富的案例给我们带来了一场思想的洗礼、心灵的震撼。教师和学生是平等的，是可以谈心的朋友，而不应该居高临下。老师应该以一颗慈母般的心去接近、体贴学生。为了我们的教育，为了我们的学生，也为了我们自己，我会时时处处都注重自己的师德修养和人格塑造，并加强自己的理论素养和专业技能的学习和提高，提升自己的教育科研意识和能力，有目的地总结教育经验，反思教学实践，一切从实际出发，切实担负起教师应尽的责任和义务，在工作中起到骨干教师的带头作用。

（二）革新教学理念，用行动感染学生

黄艳华教授讲授的《课堂整体设计与优化》从高站位、宽视野、大格局为我们进行了一场思想意识的变革，让我深刻地认识到必须积极加强课程改革，做课程改革的实践者。课程改革现在虽然还处于探索阶段，许多未知的领域需要广大教师去进行认真摸索和总结。经过这培训，我认识到每一位教师都应积极参与到课程改革中去，不做旁观者，而应去推动它朝正确方向发展，做一个课改的积极实施者。身为老师，要把握新课改的动态、要了解新理念的内涵、要掌握学生的认知发展规律。用实际行动给学生做一个好榜样，将新课改中倡导的"用教材"而不是"教教材"落实到每一堂课上，形成有教师教学个性的教材知识。既要有能力把问题简明地阐述清楚，同时也要有能力引导学生去探索、自主学习。

（三）转换教学角色，用意识引领学生

徐一斐与胡平霞老师向我们讲授了 Photoshop 软件实际运用、教学课件制作、微课内容的制作等。我通过学习深刻体会到了加快信息化建设的重要性和必要性，人类已走进以信息技术为核心的知识经济时代，在高科技飞速发展的今天，教师不能只停在原有知识的认识上，要不断学习，不断完善自己，不断充实自己。现在的学生更是聪明，他们不仅能在学校里学习知识，还能通过电视、网络等多种途径学到更多的知识。因而，教师必须有一种超前意识。如果教师没有良好的信息素养，就不能成为一名满足现代教学需要的高素质的教师。

在今后的日子里，我将不断地学习理论知识，用理论指导教学实践，研究和探索教育、教学规律，把科研和教学结合起来，做一个专家型、学者型的教师，使自己具有所教学知识方面的前瞻性。这样，才能培养出新时期"发现型、发明型、创造型、创新型"的学生。今后我会将在这里学到的新知识尽快地内化为自己的东西，运用于教育教学过程中，结合我校的实际情况，及时地为学校的建设和发展出谋划策，努力学习同行们的学习态度，求知精神，协作能力，加强平时的学习、充电。我一定将学到的知识运用于教育教学实践中去，让培训的硕果在我的教育事业中大放光彩。

彭舒啸

【成果三】

2019年11月15日至12月9日，我有幸参加了由省教育厅主办、湖南环境生物职业技术学院承办的职业院校教师素质提高计划2019国家级培训项目的培训。通过这次培训，我更新了职教理念、改进了教学方法、提升了信息技术应用能力。

（一）紧跟时代步伐，贯彻新职教理念

新时代对职业教育提出了新的要求，"做中学、学中做""教、学、做合一"已成为职教人的广泛共识，传统的"以教师为中心、以教材为中心、以教学为中心"的教育理念已经被"以学生为中心、以学习为中心、以学习效率为中心"所代替，教师的主体地位已经转移到学生身上。在教学评价中，我们更多考虑的不是教师教得怎么样，而是学生学得如何，教师的教学能力是通过学生的学习效果来体现的。全面贯彻新职教理念，我们才能培养符合新时代发展要求的职业人才，才能不辜负新时代赋予职教人的神圣使命。

（二）抓住应用主线，优化课程计划和教学环节

职业教育课程应该在社会需求调研的基础上，以岗位职责和工作任务为导向，紧紧抓住应用的主线，以培养技能型人才为目标进行开发。换句话说，就是社会需要什么人，我们就培养什么人，工作中需要什么能力，我们就培养学生什么能力。课程计划要紧紧围绕着实际需求进行调整，该删减的课程要删减，该增加的课程要增加。在课堂教学中，要抓牢培养学生应用能力的主线，听得懂、记得住固然重要，能动手、会操作才是重点。要把教学的核心放在学生的技能培养上，可以通过完成任务、小组展示等环节充分调动学生的参与度，培养学生的实践能力。

（三）运用信息技术，提升课堂效率

随着社会的发展和科技的进步，信息技术与教育教学的融合将越来

深入。掌握信息技术，运用先进教学手段是新时代对每一位职教人的基本要求。在教学过程中，我们可以使用云班课等APP上传教学资源、检测学习效果、发布和批改作业，可以通过优化PPT高效呈现学习内容、集中学生注意力，可以借助CS截取、加工所需的视频、音频素材用于教学或发布到网络上进行交流，可以利用Photoshop对图片进行修改和美化。运用信息技术之路永无止境，要坚持不断学习，不断实践，不断创新，不断提升课堂效率。

感谢湖南省教育厅主办了这次及时的培训，感谢湖南环境生物职业技术学院的领导、专家的悉心指导，感谢学校领导和研训处提供的宝贵的学习机会。我将以本次培训为契机，努力贯彻新职教理念，认真落实课程开发的基本要求，不断优化教学环节，坚持推进信息技术与课堂教学的深度融合，切实提升课堂效率。

尹君

【成果四】

这次有幸参加了职业院校教师素质提高计划国家级培训，我收获颇丰。国培送培到校，精准培训，让我们在工作之余，相互交流，共同学习，取长补短，共同提高。

首先，我要衷心地感谢湖南环境生物职业技术学院的各位专家。林仲桂处长高屋建瓴，刘旺老师活力四射，刘军老师亲和认真，韩玉玲老师热情洋溢，黄艳华教授学识渊博，胡平霞老师耐心细致，徐一斐老师积极专业，刘妍君老师谦虚细心……他们不辞辛劳，每个周末从衡阳市来到常宁，毫无保留地传授给我们职业教育的理念与经验。

其次，通过这次培训，自己进一步明确了职业院校教师素质能力提升的重要意义，以及对教师个人成长的作用。通过学习，我们知道了以学生职业能力培养为中心的教育教学理念、教学改革。于是，自己在教学中多了些反思，我们很多时候考虑问题都是说学生的多，很少能够从自身出发，多问问自己究竟做了些什么，哪些还需要改进，等等。今后，我将努力把学习的理论知识转化为实践动能，使之有效地指导平时的教学工作。同时，在新理念的引领下，不断探索，不断反思，调整我的教学观。

再次，听专家、教授们挥洒自如的讲授，心中十分佩服。佩服他们的自信，佩服他们的敏锐，佩服他们知识的渊博。关于微课的制作，关于课程体系的开发，关于课堂教学设计的优化，关于PPT的美化，等等，这些有效的课程，我都收获满满。今后，我将努力提高自身的职业道德修养，努力提升自己的专业素质，爱岗位，爱学生，爱教育，把教育事业作为自己毕生的追求，积极探索，勇做一名默默无闻的耕耘者。

最后，自己在反思中得到提升。一段时间的培训学习，对我既有观念上的洗礼，也有理论上的提高；既有知识上的积淀，也有教学技艺的增长。通过学习和反思，我认识到未来教育需要的是科研型的教师。教师要想从"教书匠"转为科研型教师，要树立终身学习的观念，给自己不断充电，消除职业倦怠。要明确自己今后所要研究追求的目标：在整理中思考——日常渗透的自觉研究，在案例中反思——基于学生实际进行思索，在行动中研究——探索问题解决的方案。同时教师要成为研究者，还要不断地学习，不断地总结，不断地反思。

本次培训学习已圆满结束了，我会以此次国培学习为契机，努力完善自己。我将带着收获、信念、热情，在今后的教育教学中，不断学习，不断探索，不断反思，争做一名优秀的中职教师。

张羽

【成果五】

以前我总是作为一个旁观者看国培，今年我有幸参加了国培学习，通过本次学习，我大开眼界，学会了很多平时学不到的知识，使我的思想上受到了彻底的洗礼。百年大计，教育为本。祖国的复兴全在教育，我们教师责无旁贷。我将体会总结于下：

（一）从思想上，彻底转变对教育的认识

人们都说教师是人类灵魂的工程师。这是对老师的最高赞誉，使我对当初的选择感到无怨无悔。一年树谷，十年树木，百年树人。可见我们的工作是任重道远的。一个人长时间重复着某一项工作，容易产生职业倦怠，这是人之常情。但我们的工作，关系到学生的健康成长，关系到整个国家的前途和命运。我们必须从思想上彻底改变过去陈旧的教学观念，不能把教学工作变成完成任务，上面领导要求怎么上课，就怎么完成任务，要在教学中加入自己的思想，以全新的姿态去投入到轰轰烈烈的教育事业当中去。

（二）学习党的教育方针和政策，不断更新自己的知识

我们的工作不能两耳不闻窗外事，一心只教圣贤书。我们要认真学

习党的教育方针和政策，了解社会发展动向，紧跟时代脉搏，从而使我国立于民族不败之林。我们要不断地学习专业知识和教学的技能，使自己成为一个学识渊博的人。不断吸收新的知识，懂得各科知识之间的联系，形成游刃有余的教学技能，最终让我们的课堂成为与时俱进的课堂，让课堂与时代与社会接轨，把课堂变成一个孩子们了解世界的窗口。

（三）充分了解学生，成为他们的良师益友，恰当运用教学方法

我们工作的对象是活泼可爱的孩子们，在不同阶段，他们有不同的年龄特征。世界上决不能找到两片相同的树叶，他们每个人的家庭环境和性格特点各不相同。古代的大教育家孔子曾经说过，要因材施教，我们要经常和孩子们谈心，了解他们的心声，真正成为他们最知心的朋友，灵活运用各种教学方法和教学技巧。多表扬，少批评，及时发现他们身上的缺点和错误，循循善诱地指导。晓之以理，动之以情，导之以行，使错误消灭于萌芽之中。让孩子们之间互相帮助，形成温暖的大家庭，使每一个孩子都能健康成长。在教学中把学习的主动权交给学生，在必要的时候，恰当的指导，让他们培养探究合作的学习方法，使学生具有开拓创新的精神，培养成可持续发展型人才，真正成为社会的主人。

（四）学以致用，使学生把知识转化成为能力

我国与发达国家相比，孩子们缺乏创新精神，学生容易造成高分低能的现象，成为无用的书呆子。在学习的过程中，开展丰富多彩的第二课堂，让学生走进生活，进行恰当地运用，真正把知识转化成为能力。培养孩子的观察能力、交际能力、动手操作的能力，让他们多问为什么，养成爱动脑筋的好习惯。使他们在生活中不断地锻炼自己，真正成为一只只翱翔在天空中的雄鹰，毕业以后才能投入社会，进行很好的工作，才能为人类创造出更多的财富，成为一个有益于社会的人，从而更好地实现自己的人生价值。

（五）真正使自己从教学匠转变成为教育艺术家，赢得桃李满天下

我们教师的职业是伟大的，在平凡的工作岗位上，做出不平凡的业绩。真正成为人类灵魂的工程师，严格要求自己，做好学生的表率，就就业业，把每天都当成最后一天去过，增加使命感，以阳光的心态去工作。不管自己的年龄有多大，都要以积极的心态去工作，充分发挥自己女性的天性，像一位姐姐一样地对待每一个孩子，用一片爱心去关爱每一个学生，使他们都能茁壮成长，真正成为一名教学的艺术家，与孩子们在一起真是其乐无穷。

周易

第六节　常宁一职教师培训项目的开展

一、培训实施方案

（一）培训对象

参培教师名单：23 人。

（二）培训目标

（1）把握新形势下职业教育的变化与特点，树立现代职业教育理念，培养创新精神和改革意识。

（2）提高专业素养及教学教研水平，提升教学改革能力。

（3）掌握现代信息教学技术与方法，提升课程实施能力。

通过培训，从课程整体设计、课堂教学、信息化教学设计等方面全方位提升学员的教学素养，促进专业成长，提升教师职业能力。

（三）培训内容

（1）职业教育新理念及课程开发实施办法课程着眼于提高中职学校专任教师的教育理论水平和对课程的全方位认识，进一步指导中职如何科学制定和优化课程标准。

（2）课堂教学能力提升课程着眼于提高中职专任教师进行课堂教学设计的能力，准确把握新的课程教学模式，创新教育教学方法，提高理论指导实践的能力。

（3）信息化教学设计能力提升课程着眼于指导学员运用现代信息技术进行教学设计和教学管理，通过信息技术平台提升教师信息化教学能力。

二、培训心得汇总

【成果一】

为期十天的国培研修，我收获颇丰，感觉每天幸福而又充实，因为每一天我们都会接触到一些有思想、有学识、有经验的老师，他们先进的教育理念、独到的教学思想及教学睿智，对我今后的教学工作无不起着引领和导向作用。这十天，耳濡目染的东西很多很多，每一天我都能感受到思想火花的冲击。

聆听授课，给我们带来不同层面、不同专题的学习，开阔了理论视野。文学禹老师的师德师风教育，让我明白了一个教师"学高为师、身正为范"的真正含义。通过黄艳华老师对我们课堂的诊断，明白了我们的课堂效果有很多地方需要提高。黄艳华老师教会了我们如何对一门课程进行整体设计与优化。韩玉玲老师讲授了有效课堂之教学任务与教学反思设计，教学有法，教无定法，贵在得法，全新的理念，让人耳目一新。刘妍君老师讲授了有效课堂之教学过程设计，依据学生注意力的高峰期来设计教学课堂，以学生为中心的教学策略和教学方法，保持专注力，让教学更高效。徐一斐老师教会了我们信息化资源的收集与制作，教学课件的制作等。胡平霞老师教会了我们如何去知"微"见著，如何对微课进行赏析与设计制作，教会了我们使用 CS、PS 软件，并利用这些软件进行微课的制作。梁称福老师根据最新职教理念、结合自身研究领域、紧扣我校办学实际，讲授了课程标准制定的原则、要求和方法，他务实的科研精神和渊博的专业知识给我们留下了深刻的印象。刘旺老师分享的主题是教育教学基本技能与基本素养，他从教育教学技能概述、教学原则、教学准备、备课意识及教案的写作等方面向我们层层展开，娓娓道来，丰富的管理经验和幽默的语言风格让课堂掌声不断。刘军老师讲授了课程考核评价和任务驱动教学的设计与实施，他的课结构严谨、环环相扣，内容丰富、案例全面。最让我们折服的是他的课堂驾驭能力，要求严格而又气氛活跃，任务多样而又秩序井然。如果说听别的老师的课是一种煎熬，听这几位老师的课则是一种享受！仿佛使我又回到了高中时代，他们优美、精彩的讲课内容和讲课艺术又唤醒了我那种已遗弃多年、以为再也不会苏醒过来的那种求知若渴的学习心态！

通过国培研修，专家深入细致的讲解、指导教师恰如其分的点评深深地打动了我，让我反思，促我奋进。关注学生，使每位学生都有幸福感，是我追求的目标。去掉矫揉造作，去掉浓妆艳抹，细品草根的真实，感受真情流露。作为教师，传道、授业、解惑，是以往课堂不可缺少的部分，不只对学生进行知识的灌输，更应注重让学生学会学习，学会生活。

有一位教育家指出："学习的意义在于充实自己的生命价值，更在于改进和完善自己的生命状态，如此，学习才能成为自己的内在需要。"通过这次国培研修，我找出了自己在教育教学、学习中存在的症结，我要对症下药，从以下三方面着手：

（一）提高认识

"不经一番寒彻骨，怎得梅花扑鼻香。"我在今后的工作中，先找准自我发展方向，让自己在以后的工作、业务和生活中点点滴滴的学习成为一种常态。未来的日子还会遇到各种荆棘，生发出更多的疑惑，我们只有树立克服困难的勇气和希望，披荆斩棘，逾越重重高山。然后，只要静心、慢行、持之以恒，在国培中吸取营养，研修路上必定留下我们成长的足迹，取得理想的效果。

（二）注重学生

教师不应只做教书匠，而要做一名人类灵魂的工程师。自己首先要做一个大写之人，"学高为师，身正为范"，通过不断学习，用最高标准严格要求自己，做学生的表率，通过自己的一言一行，一颦一笑，经意或不经意地给学生的心田播上理想、梦想、思想信念等种子。用自己高尚的师德，给学生以心灵的启迪，同时，也促使学生在潜移默化中受到熏陶。关心爱护学生，教师既要有高尚的情操感染学生，丰富的知识影响学生，还要提高学生生活学习的本领。教学不仅仅是简单的传授知识，更要建立一种开放式、共享式、参与式的教学模式。让学生不仅"学到什么"，还让学生"学会学习"。我要以此次国培研修为平台，打好教学基本功，利用新的教学平台，如云班课、问卷星等，大力改革课堂教学，在教学中做到：凡是学生能发现的知识，教师不要代替；凡是学生能独立解决的问题，教师不要暗示，让学生充分参与课堂活动，充分展示自己的才能，张扬自己的个性，真正成为课堂教学的主人。教师要抓住知识体系中最重要、最核心、最基础、最关键的部分，作为教学的重点内容，通过提高课堂教学效率，让学生在课堂上，获得最大收益，来减轻学生的课业负担，注重学生学习方法的指导，在课堂上真正体现以学生为主体，充分调动学生学习的积极性，尊重学生人格，瞄准学生的闪光点，拿起表扬的武器，激发学生的学习兴趣，创设问题情境，多让学生参与活动，学生在活动中，感悟知识的形成过程，在轻松愉快的环境中学习，定会事半功倍，取得良好的效果。

（三）学会感悟

反思是进步的利器，我们通过反思这面镜子，发现自己的瑕疵，洞悉自己的不足，然后找到进步的路径，在感动中学习，在学习中反思，在反思中收获，收获着研修的每一天。国培研修是理论与实践相结合的纽带。我要以反思对峙肤浅，以智慧替代愚钝，以诗意找回教育应有的情趣和乐趣！让云山雾罩、华而不实的东西远离课堂，使教学更接近真实和本色。"路漫漫其修远兮，吾将上下而求索。"我要耐住寂寞、踏实工作、持之以恒，在国培路上，忙碌着、收获着、快乐着。

通过这次培训，我得到的不仅仅是新颖变化的知识，更重要的是一种教育理念的提升，一种带着教育改革投身于教育事业的执着信念。教师有神圣的职责，即使不能成为名师，也不能误人子弟，对学生负责任，对教师这个称呼负责任！"教师的一天，学生的一生"，这句话更是道出了教师的工作对学生人生的巨大影响。因此，在以后的学习中，我一定要抓住机遇，在学习中成长，在感悟中升华，把学到的知识技能与理论知识运用于教学之中，善于捕捉教育良机，发掘学生学习过程中的积极因素，让学生真正能领悟教师言行中传递的真诚、情感、智慧，并将教师的理解、期待、鼓励内化为努力学习的动力。真正做到学以致用，学有所用。不登高山，不知天之高也；不临深溪，不知地之厚也；不见各路教研"神仙"，不知其博大精深也。培训让我们得到了心智的启迪、情感的熏陶和精神的享受，让我们接触了先进的教育理念，学习到名师专家们的教研精髓，领略了教育教学的内涵与境界。感谢国培，让我们的人生更加丰富和精彩。

雷富荣

【成果二】

本着不断充电、不断提高自己的目的，2019年11月，我有幸参加了湖南省2019年"送培到校精准培训"的国培，经过短暂、紧张忙碌而又充实的培训后，自己收获了很多，也成长了很多，概括起来主要如下：

（一）学到了课件制作技术

本人是学机械制造的，玩电脑有超过15年的历史，而且是喜欢玩的那种。培训前，一直认为自己玩电脑玩了这么多年，基本的办公软件应用学得还算可以，对于一个非计算机专业的来说，大抵也就这个水平了。直到见到送培到校的老师们，他们给我们讲解了大量的精美课件制作技术，像PPT的使用技巧、PS软件、录屏软件的应用、影音合成软件的使用等，这些都彻底让我折服了。于是乎，我仿佛又回到了高中时代，内心又重新燃起了那种久违的、求知若渴的火焰，扎扎实实地跟着送培老师们学软件应用、学技术，甚至晚上睡觉醒来，梦里都在比划着、嘀咕着这些软件如何使用、如何应用到我的课件制作中。

（二）学到了课堂表达艺术

在来学校执教以前，自己既在民营企业待过，也在上市公司待过；既在国有企业待过，也在政府部门待过；甚至还创过业。在培训前，一直认为自己有着相当丰富的企业经验和社会实践，奈何自己所执教的课程本就是一些严谨、务实、来不得半点含糊的课程，所以课堂气氛和课堂效果大抵也就这样了。直到见到送培到校的老师们，他们所表现出来的课堂气氛和课堂效果再一次让我折服。他们给我们讲解了新课导入和课堂内容导入的方法，课堂发展的规律以及如何抓住学生的兴奋点，如何利用好学生的注意力集中期，如何避开学生的疲惫期、注意力分散期、低谷期等。参培之前，在我印象中，所谓的信息化教学无非就是利用多媒体、电子白板、互联网等手段开展教学，教学方法无非就是问答法、任务驱动法，等等；参培之后，我们学会了如何巧妙地利用信息化教学手段，如微课、幕课、QQ和微信班集群、问卷星、云班课等手段真正地开展参与式教学、分组教学和分层教学等。通过培训，我才发现，原来一堂课还可以这样去导入、这样去讲解、这样去提高效果，总之就是学会了很多课堂教学方法、很多课堂表达艺术。

（三）帮助了自己走出迷茫

自己从企业转到学校来执教也有6年多的时间了，这些年，一方面，每每有同事参加全市、全省乃至全国性的说课比赛、教学设计比赛，也总是嗤之以鼻，认为这纯粹就是作秀，这并不是真实的课堂；另一方面，总认为在现有的体制下，无论自己多么努力地去工作，多么认真地去开展教学，面对这样的一群学生，也就这样了。直到见到送培老师们，他们对教育理念、教育情怀的满腔热血，对待工作、对待事业的敬业、激情和坚定执着彻底把我折服。通过他们，我才知道，国家政策对我们中职教育以及中职学校的教师发展和教师待遇那是相当关心；现实生活中，也有像深圳卓良福那样的，让深圳市单单为一个中职生开了绿灯，并且一路走到了享受国务院特殊津贴这个至高点，而这个人还是我们的同龄人。这个人我是见过的，当听到这些，自己内心不禁感到惭愧，同时顿然醒悟，中职生和中职学校的老师原来还可以这样去给自己定位和这样去发展。

总之，学到了很多。培训虽然结束有半个多月了，但我却总觉得仿佛就发生在昨天，培训老师们给我们上课的身影已深深地烙在我心里，早已帮助自己走出迷茫。写下这篇心得，是为了纪念这段短暂、紧张忙碌而又充实的岁月，并用以支撑、帮助自己走得更远、走得更坚实有力。

刘建升

【成果三】

2019年11月15日至12月7日，我参加了在本校组织的湖南省2019

"送培到校"培训，培训的专家、老师来自湖南环境生物职业技术学院。这次培训内容丰富，形式多样，有学员间的互动交流，专家讲座等。专家的教育教学理念、人格魅力和治学精神给我留下了深刻的印象。他们知识渊博，见解新颖，讲课通俗易懂、生动有趣。我们愉快地完成了培训任务，收获颇多！

（一）更新了教学理念

随着知识经济时代的到来，信息技术在教育领域广泛运用，"教书匠"式的教师已经不适应时代的需要了，这就要求教师既不能脱离教学实际，还必须与时俱进，必须具有现代教育观念，并将其运用于教育工作实践。教学中一定要坚持以人为本的理念，围绕"立德树人"的目标来设计教学内容和教法。社会需要什么人才，学校就应该培训什么学生，学生需要掌握什么技能，我们就教会学生什么。以教师为本的观念应当转为以学生为本，自觉让出主角地位，让学生成为主角，充分相信学生，积极评价学生。

（二）掌握了现代化的教学技术

随着我国经济的高速发展，教育现代化工程的不断推进，当前以多媒体与网络技术为核心的现代教育技术迅速兴起，正猛烈地冲击着各学科的教学。传统的"以教师为中心，靠二支粉笔一张嘴"的教学模式，已不能适应新课程"主动、探究、合作"学习方式。在培训期间，授课教师向我们展示现代化教学手段在课堂中的运用，运用现代化的教学手段能够丰富课堂教学的内容，增强教学的趣味性，能够激发学生学习的兴趣，提高了教学效果。通过老师的悉心指导，我掌握了课件的制作、微课的录制等。

（三）坚定了"教学育人"的初心

中职学生难管、难教，一直是困扰中职教师的难题，在解这道题的过程中，我有过委屈，想到过放弃。很多中职教师也都有一种观点，认为只要学生平安坐在教室中就万事大吉了，能不能学到什么并不重要。通过培训，让我重新审视了自己的教学态度，明确了自己的教育初心，能以新的视野去看待自己的教育工作。知道了怎样更好地去爱我们的学生，怎样让我们的学生在更好的环境下健康地成长。我会时时处处注重自己的师德修养和人格塑造，并加强自己的理论素养和专业技能的学习和提高，真正做到"学高为师，身正为范"。

在今后的工作中，我会将在培训中学到的新知识尽快地内化为自己的东西，运用于教育教学过程中去，为职业教育发展再建新功。

邱慧

【成果四】

2019年11月15日至12月7日（每周五至周日），我有幸参加由湖南省教育厅主办、湖南环境生物职业技术学院承办的"职业院校教师素质提高计划2019年国家级培训项目"。非常感谢学校能给我这样机会，让我走近黄艳华、文学禹、韩玉玲等优秀教师，和他们有了零距离的接触，观摩了专家们的精彩课堂，聆听了他们的学术报告。这些专家们的培训内容丰富、详实、贴近教学，涵盖了理论学习和操作学习，尤其是教学PPT制作和微课制作以及教学设计，能极大改进我们中职教师的教学手段、提高教学效果。

此次培训的主要内容是有效课堂的组织和实施。开班典礼上文学禹教授简单但深刻的师德师风教育就深深地打动了我。他所讲的好老师的"四条标准"，以及做好"五者"，达到"六高"是我今后工作学习的目标。当天下午我们听了邓雅丹老师讲的计算机课和易传武老师的英语课，接着参与了小组评课，最后由黄艳华教授总结发言，肯定我们的努力，并指出我们平时课堂中所存在的问题，以及改进的措施。后来梁教授给我们讲了课堂的整体设计与优化；之后是胡平霞老师给我们做了专门的"微课设计与制作"指导，展示了一系列的优秀微课作品，手把手地教会我们使用 Camtasia Studio 软件，让我这个微课的门外汉对微课有了全面的认识，具有了基本的微课素养，也能够像模像样地制作一个短短的微课作品了，感觉受益匪浅。徐一斐、刘妍君、韩玉玲、刘军等几位老师还就教学信息化设计文案、信息化教学设计资源利用、技术手段优化、组织实施做了专题指导和展示，虽然我早已对信息化教学有认识、有作品，但此次学习还是让我有大开眼界、耳目一新的感觉，原来与众不同的创意和环环相扣的设计不是靠搞一两个作品就能达到的，我们不单单要拓宽自己的知识构成，更要开阔眼界，发散思维，要借助信息化手段打破教材框架，融会贯通，翻转课堂，使我们的学生爱学、会学、自主学。

十天的共同学习生活，也使我们学员之间建立了深厚的友谊。我们在课堂上互相交流、帮助，在模拟教学和信息化教学说课环节互相鼓励、批评，我们分享了成功的经验，交流了有价值的资源，这是多么宝贵的精神财富啊！

此次培训是我信息化教学的一个新的开始，虽然我还有许多知识没有完全消化，有待于以后继续领会、体悟，但通过这次学习交流，我和其他学员一样明确了今后的努力方向。在未来的教学中，我要将培训中所学理论和技术手段与教学实践有机结合起来，灵活运用信息技术，促进教学质量和教学效率的提高。

张玉艳

【成果五】

N年之后，再一次以"学生"的身份踏入教室。不迟到，不早退，上课认真听讲，下课及时完成作业。平常给学生的严格要求在这短短的十天里通通"反噬"在自己身上，一开始有点不太适应。"干吗这么折腾呢？"我嘀咕。后来呢……

我开始喜欢这种"折腾"。

往大了说，因为"折腾"，生命才不是一潭死水，而是会溅起漂亮水花的小池塘，或许不如大海波澜壮阔，不如瀑布气势磅礴，不如长河源远流长，但是老师不就这样么？守护三尺讲台，平凡但要诚恳，要脚踏实地去进步。

往小了说，我也应该"折腾"。因为给我们培训的每一位老师——黄艳华老师、胡平霞老师、韩玉玲老师、梁称福老师、刘军老师、刘妍君老师、刘旺老师、徐一斐老师向我们展示了他们"折腾"出来的现阶段成果，我才知道原来课可以这样上。原来我应该去拓宽教学的宽度，去挖掘教学的深度，永远不止于此，生生不息。

最后，郑重地道一声谢，谢谢老师们既前沿又专业的讲解，既坦诚又精准的指导，谢谢你们短短十天，倾其所有，全情付出。谢谢！

刘婧

第七节　郴州理工教师培训项目的开展

一、培训实施方案

（一）培训对象

参培教师名单：30人，旁听人员名单：15人。

（二）培训目标

（1）把握新形势下职业教育的变化与特点，树立现代职业教育理念，培养创新精神和改革意识。

（2）提高专业素养及教学教研水平，提升教学改革能力。

（3）掌握现代信息教学技术与方法，提升课程实施能力。

通过培训，从课程整体设计、课堂教学、信息化教学设计等方面全方位提升学员的教学素养，促进专业成长，提升教师职业能力。

（三）培训内容

（1）职业教育新理念及课程开发实施办法课程着眼于提高中职学校专任教师的教育理论水平和对课程的全方位认识，进一步指导中职教师科学制定和优化课程标准。

（2）课堂教学能力提升课程着眼于提高中职专任教师进行课堂教学设计的能力，准确把握新的课程教学模式，创新教育教学方法，提高理论指导实践的能力。

（3）信息化教学设计能力提升课程着眼于指导学员运用现代信息技术进行教学设计和教学管理，通过信息技术平台提升教师信息化教学能力。

二、培训心得汇总

【成果一】

我有幸参加了国家级培训教师素质能力提升项目"送培到校精准培训"的培训学习，聆听了各位专家、教授的精彩的课堂，我非常珍惜这次难得的学习机会。通过这次培训，收获最大的是专家和教授们对我思想上的冲击，激起我心中的许多感想，让我树立了新的正确的教育观，感悟到要善待学生，尊重生命。学到了自信，学到了方法，感悟至深。

（一）明确了今后的工作目标

在今后的教育教学中，我要慢慢摸索经验，使自己能够尽快适应教学的信息化。我要时刻告诫自己，解放思想，更新观念，确立创新意识，善于动脑，勤于思考，开拓进取，始终站在时代的前头，不断研究新情况，解决新问题，使自己的工作上一个新台阶。我还要结合我校的实际情况，及时地为学校的建设和发展出谋划策，努力学习同行们的学习态度、求知精神、协作能力，加强平时的学习、充电。相信他山之石，可以攻玉，我一定学以致用，将学到的知识运用于教育教学实践中去，让培训的硕果在教学事业的发展中大放光彩，转变教师的角色地位。

新课标倡导"以学生为主体，教师为主导"的新理念。面对新课，教师首先要转变角色，确认自己在新课程教学中的身份和地位，在新课程中，教师是课堂教学中学生学习活动的组织者、指导者、参与者。新课标在注重基础知识与基本技能的基础上，更强调学生的学习过程与方法，并增强了学生情感、态度与价值观的培养。这就要求教师不能再只重视知识的传授，更要肩负起培养人的重任。教师不再是学生的主宰，教师和学生是两个平等的团体，在学生获得知识的过程中，教师只是激励人、引导者，为学生的学习提供支持、帮助、辅导，帮助学生了解自己的特长、潜能，为学生的发展提供指导。

（二）更新知识，提高业务水平

新课程给了我们教改机遇，同时对我们提出了挑战。要求我们必须更新知识结构。新课程内容的出现迫使我们更新自己原有的知识结构，一方面准确把握生物学科中学生终身发展所必需的基础知识和基本技能；另一方面通过各种渠道不断学习，扩展自己的知识储存。新课程还要求我们必须有开发课程的能力，把原来的"教教材"变为"用教材教"。教学内容从过去的以教材为中心的单一书本知识转变为以教材为轴线，以活动为纽带，与现实生活紧密联系，充分挖掘本土资源和校本资源，充实教材内容。

（三）终身学习，不断充电

大家都知道要想给学生一碗水你必须有一桶水，而且现在的一桶水已经不能满足需求，我们要给孩子们注入源头活水，这就需要我们不断地学习，不断地总结，不断地反思，及时将自己的经验记录下来。在整理中思考，在行动中研究，这将是我今后所追求的目标。教师要成为研究者，就要不断地学习，不断地总结，不断地反思，及时将自己的经验写成论文。既不能脱离教学实际又要为解决教学中的问题而进行研究，既不是在课本上进行研究而是在教学活动中探究。

培训只是一个手段，一个开端。对于培训给我的清泉，我要让它细水长流。"国培"给我补了元气、添了灵气、去了娇气，焕发出无限生机。思考背后，我感到更多的是责任，是压力，真正感到教育是充满智慧的事业，深刻意识到自己所肩负的责任。今后我会学以致用，结合我校的实际情况，让培训的硕果在教育事业发展中大放光彩。

曹悦

【成果二】

很荣幸我能够在我校参加职业院校教师素质提高计划2019年国家培训项目，此次培训由湖南省教育厅主办、湖南环境生物职业技术学院承办，培训时间为2019年7月10日至2019年7月19日。首先，感谢老师和培训学员对我的帮助，此次培训课程内容充实、实用，培训专家讲解详细，我受益匪浅。现将我参加此次培训的心得总结如下：

（一）理论学习与积累

7月10日，在文学禹院长和刘旺教授的授课中，利用讲授法和案例分析法，我了解了科研论文的撰写及项目（课题）申报以及新形势下中职教育教学改革的新理念。同时，我对职业教育发展的现状有了深入的了解，在思想上和教育理念上有了很大的提高，中职学校的根本任务是使受教育者在德育、智育、体育等方面都得到发展，成为有社会主义觉悟的有文化的劳动者。教学是认知和实践的过程，教师的任务不单是教知识，更主要的任务是教给学生科学的学习方法和思维方式，培养学生勇于实践、敢于探索创新的意志品格，提升学生的积极性。正所谓，活到老学到老，在日益变化的社会，我们作为一名教师，也应该要梳理终身学习的目标，我们不仅要不断提高自身的专业知识水平，还要提高自身的科研水平。

（二）学习专业知识，提升专业水平

7月11日至15日，在黄艳华、刘妍君、韩玉玲和刘军四位教授的授课中，利用任务驱动法、头脑风暴法、案例教学法和张贴板教学法，使我们在充分参与的同时学习了专业人才培养方案的制定、课程体系的优化、校本化课程标准开发、课程整体优化、有效课堂认知、有效课堂教学设计、案例制作、教学过程设计和教学评价设计相关知识。通过这次系统的学习，我看到了自己的不足。比如，在之前的教学设计中，我的设计环节相对简单，我没有将学情分析和设计意图具体表达清楚。在实际教学中，我绝大多数情况下，以教学大纲为指导标准，忽略了学生的实际需求，以致课堂教学活动显得枯燥。学生是学习的主体，在日后的教学中，我们要做到让学生充分参与到课堂活动中来，最大程度地发挥他们的主观能动性。

（三）提升信息化教学水平

7月16日至18日，在徐一斐、韩玉玲、胡平霞三位教授的授课中，通过对比教学、案例分析、任务驱动、讲授示范、小组讨论和头脑风暴的教学方法，使我们提升PPT课件制作、信息化教学——微课、日常信息化教学、信息化教学——教师职业能力竞赛相关知识。我学会了简单使用PS修改图片，并制作出来带有我校校徽的PPT课件封面，得到了培训老师的肯定。微课是教学发展的一个趋势，形象生动，在教学过程中，可以用于新课导入、重难点知识的讲解和思政教育。相比传统教学方式，能够取得更好的教学效果，此次培训，在老师的耐心教导下，我学会了制作微课和使用 CS 软件,学会了剪辑音乐和视频,非常有成就感。另外,培训老师还给我们推荐了很多的网站,课后我都一一进入这些网站,寻找自己需要的资源,收获颇丰。

短短十天的培训过得很快,7 月 19 日,我校和培训团队专家对此次培训共同进行了总结,我也代表我所在的第四组上了汇报课。线下培训虽然结束了,但是我们和培训团队在线上的交流仍会继续。再次感谢湖南环境生物职业技术学院的专家团队对我们的培训和指导。在日后的教学活动中,我一定会把此次培训所得灵活运用到我的实际教学中,争取早日成为一名优秀的人名教师。

曹子君

【成果三】

2019 年 7 月 10 日至 7 月 19 日,我非常荣幸地参加了湖南环境生物职业技术学院送培到校的国培项目,通过培训学习,让我对教育现代化、教育时代化、教育信息化有了新的体会,对教师的角色和综合能力的提升有了新的认识。

(一)树立了新的理念

(1)此次信息技术应用能力提升培训,虽然时间不长,但是每一天紧张有序的培训都使我在观念上有一个更新。在平时我都停留在基本应用上,然而通过此培训,才真正地认识到我在专业方面还有许多的不足,在今后的业务提升方面还有大量的知识要学习,随时为自我更新,补充新识,更新观念,从根本上提升专业素养。

(2)随着信息化快速发展,作为一名信息技术教师,具备良好的信息素养是终身学习、不断完善自身的需要。作为一名信息技术教师,应具有现代化的教育思想、教学观念,掌握现代化的教学方法和教学手段,熟练运用信息工具(网络、电脑等)对信息资源进行有效的收集、加工、组织、运用;这些素质的养成就要求信息技术教师不断地学习,满足现代化教学的需要;信息素养成了终身学习的必备素质之一,如果信息技术教师没有良好的信息素养,就不能成为一名满足现代教学需要的高素质的信息技术教师。

(二)提升了专业知识

(1)通过聆听专家教授对"中职教师信息技术能力标准解读""信息化教学环境"专题与案例学习的,我充分认识到作为信息技术老师,首先要具备基本的信息素养,掌握信息操作的基本能力和获取信息的能力,除此之外还应具备信息收集处理以及表达的能力和综合运用能力。深刻地认识到教育信息的重要性,明白教育信息化的发展情况,真正理解了信息化教学环境在教育教学中的作用,掌握了几种常用的教学模式和软件的基本应用。

(2)通过聆听专家们对"网络学习资源应用""PPT高级应用""学科教师的媒体素养培养""电子白板的创新应用""微课设计与制作""微视频的加工与编辑"等的解析,才真正地意识到自己掌握的信息技术的匮乏,软件使用的贫瘠,也深深地认识到信息技术能力的提高对于一个现代教师的重要性,跟上时代的步伐,跟上信息的脚步,跟上社会的发展,跟上教育模式的改革,就要熟练掌握和应用现代化的技术和工具,随着信息时代的到来,也要求我们适应教育的信息化的到来,适应教育信息化的全面改革。听了老师们的解析与演示操作,使我开阔了视野,信息技术能力得到了很大的提升。

(三)开阔了交流空间

(1)远程研修教育不再局限在课堂,教师可以通过网络媒体通信技术进行自主学习,可以随时将自己的薄弱环节强化学习,直到完全巩固,更加便于对每个知识内容的融会贯通,使原来想做而做不到的事情成为现实。

(2)通过这个平台,与全国教育专家进行了一次"零距离"的接触,"面对面"聆听他们的辅导讲座、鲜活的案例和丰富的知识内涵,让我开阔了视野。专业方面,通过论坛与同仁们的谈教学、探迷惑,使我在思想、专业方面都得到很大的提高。这种平台,使我们的距离变得更近、更方便交流。

(3)通过看视频,视频答疑让我们有了一次与专家学者进行近距离探讨问题的机会。在答疑过程中,专家们的建议和意见对我们今后更好地驾驭课堂,更好地解决课堂突发事件提供了理论基础和方法支撑。专家学者们奉献了他们的经验和研究成果,大大提高了我们的教学水平,让我们收获了知识的同时,也让我们增长了见识。通过观看答疑,我得到了很大启发,学会了许多解决问题的方法和窍门,让我在今后的教学中更加游刃有余,对今后的教育教学来说感觉受益匪浅!与专家老师交流,在班级论坛中发帖、回帖,进行论坛研讨等活动,我学到了很多新知识,并为以后的教学工作奠定了厚实的基础。

(四)注重了细节渗透

本次培训中,专家教授们都注重细节上的教学渗透,他们通过专题讲座与案例分析和演示操作的方式，不仅教给我们知识和技巧，更在无形中用自己的言行来引导大家，在一些细节的讲解上十分细致，恰当地渗透一些学科常识，使不同程度的老师都能得到提高，真正地学有所获。

（五）更新了教学方法

本次培训让我在以下几个方面收获颇多：一是中职教学中运用虚拟实验工具的策略；二是中职课堂教学提问与反思的教学策略；三是中职课堂提问与反思的教学策略；四是中职拓展教材资源提高教学效益的策略。这将对知识更新、能力提高具有很大的帮助。通过学习，我认识到在中职教学中，教师要关注教学目标、关注学生参与、关注课堂效益和质量。

（六）增进了老师间的友谊

（1）通过培训，在学习的同时，在班级论坛学习交流时与省内各职业学校相识或不相识的同行朋友进行网上探讨。学到了许多新的教育观念，也通过同行的帮助，解除了自己在教育教学中的许多困惑。"发帖、回帖"充分阐述自己在教育教学中的感想、心得、体会，促进了教师之间的真挚交流，增长了教师的见识，增进了我们老师之间的友谊。

（2）在培训的整个过程中，我不仅仅是在学怎样教学生，更为重要的是，我学到了一些原来自己也不是太清楚的知识，巩固和升级了自己的知识库，这一点是非常有价值的。在本次培训过程中，通过完成专家推荐的作业，我发现，天外有天，人外有人，我深深感到自身的不足，感到加强学习的重要性。很多老师的作业中提供了精彩的案例、优秀的教学设计、完美的教学策略……这些都是值得我去学习的。

（3）培训是短暂的，效益是明显的，收获是充实的。远程研修平台上的老师都在努力地学习，积极地参与互动，发表文章和评论，几乎每天深夜十一二点都在网上批阅我们的作业，与同事们互动。他们这样孜孜不倦的精神真是值得我学习。

这次研修，使我耳目一新。通过深入学习，知道了作为一名教师必须不断地提高自己，充实自己，具有丰富的知识含量，扎实的教学基本功，才能适应社会，适应学生。这次培训我感觉增强了自身学习的紧迫性、危机感和责任感，树立了"以学生发展为本"的教育思想，只有不断进行教学观念的更新，树立新的教学观，转变教学方法，才能讲出好课，才能讲出学生喜欢的课。在日常教学中，我们经常是一本教科书、一本教案就是教学的全部，往往在教学中教师千言万语，学生无动于衷，根本没有兴趣听老师在前面大讲理论，在实践中根本无法运用，这些理论应该由实践来支撑。在设计活动的时候，往往我们考虑到的只是"我该如何教"，而忽视了"学生如何去学"的问题。有人说过：讲好一节课，不仅是知识信息的传播过程，更是一个心灵交汇的心理场。如果教师在教学中的表现只是平平淡淡，没有激情，那么学生的情绪也不会特别高涨。因此我觉得在教学中激发学生的情感，教师自我的情感体现是非常重要的。

总之，这是收获丰厚的一次培训，充实和完善了自己，我很荣幸，但更多感到的是责任、是压力，也是促进我教学上不断成长的一次培训。这次培训使我受益匪浅。它让我站在了一个崭新的平台上审视了我的教学，使我对今后的教学工作有了明确的方向。

陈卫国

【成果四】

由湖南省教育厅主办、湖南环境生物职业技术学院承办的职业院校教师素质提高计划2019年国家级培训项目于2019年7月10日正式开班，于7月19日圆满结束。为期十天的精准培训，内容充实而饱满，环生的培训专家的悉心指导，让我们在这一期间学有所获、学有所得，受益匪浅，衷心感谢培训专家的辛勤付出，炙热的夏天为我们送来清凉的知识技能慰藉。本次培训总体上分为三个模块：课程体系改革，课堂教学和过程，信息化教学模块。

7月10日上午，左家哺教授为我们做了教师素质能力提升项目理念的梳理，为我们明确作为新时代中职教师从事教学工作的职责与境界，并向我们分享了科研论文撰写及项目（课题）申报相关内容，让我们从理念抓起，从源头出发，正视教师职业。

7月10日下午，刘旺副教授为我们解读职业教育政策与专业教学标准内涵，从研读政策上为我们开启新思路，只有精准对接政策，才能事半功倍。

7月11日，由黄艳华教授带领我们进入课程改革模块的学习，制定和优化专业人才培养方案，以任务驱动的模式让我们在"学中做""做中学"，各个专业组都积极完善了本专业的人才培养方案，并让我们优化了专业课程体系，对本专业进行了一次优化的顶层设计。

7月12日，黄教授在优化后的人才培养方案和专业课程体系的基础上，又让我们重新制定和优化了我们的课程教学标准，高标准，严要求，对我们今后的教学有非常好的指导意义，特别是对于我们新进教师行业的年轻人来说，更是意义深远，站在高层，才知道自己所教的、所站的位置。

7月13日，刘妍君老师带我们重新认识了有效课堂的含义，对课堂的诊断，从学生、教师、学校、家庭等角度进行剖析，针对问题，我们又应该如何应对；看齐优秀教师，我们本着"学、仿、超"的态势，去学习、去追赶、去超越，给了我们一些新的思路；教学设计，则需要站在学生的角度，掌握学习方向，要求具体明确、可检测，避免主体错位，笼统模糊，而这些注意事项往往就是我们普遍存在的问题。

7月14日，由韩玉玲教授为我们讲解教学设计的后半部分，包括前测、后测、参与式学习活动的设计等内容，期间我们学习了BOPPPS教学模式，为我们分享了"破窗效应""鲶鱼效应"等心理学知识。作为教师，心理学知识已经成为我们教师的基本素养要求。我们也深刻认识到了"教学有法、教无定法、贵在得法"的思想理念。

7月15日，刘军教授给我们带来教学过程设计的内容分享，让我们从整体上把握各个教学环节，并掌控各环节时间的分配、师生活动设计的主要策略，让我们在学习过程中优化了一堂课或一个知识点的完整教学设计。课程考核评价设计也是十分重要的，过程评价对于学生的成长起着至关重要的作用。我们在学习过程中也为自己的课程设计了一个较为完善的课程评价统计表。

7月16日，由徐一斐教授带我们领略信息化在教学中的运用，从信息化教学的意识着手，信息化技术使用的必要性以及信息化教学资源与手段的分享，智慧教室未来教室示例，带我们走进科技的殿堂。在这期间，我初步学习了PS软件的应用，深入学习了PPT的制作方法与步骤，从审美的角度让我们的课件更加美化，并且在后续PPT的制作中充分体会到了PS软件的便利性，给了我不少的学习获得感。

7月17日，胡平霞教授为我们分享了微课的设计与制作，从微课的设计到视频的呈现，再到微课的具体制作，期间我第一次接触CS软件，原来看别人呈现出来的微课，感觉非常有难度，技术含量很高，这一次，我零距离接触微课的制作，并自己试着完成了一段录屏、配上自己的声音，感觉棒极了！虽然还是粗枝烂叶的呈现，但就像胡教授所说的，这只是我们的V.0版本，今后逐步优化升级，迭代产品，相信今后会有精彩的呈现。

7月18日，胡教授给我们带来教师职业能力大赛的经验分享。作为经验丰富的参赛选手，他获的奖并不是凭空取得，而是不断地学习，不断地优化，不断地迭代升级，从零开始，平凡中造就不平凡！所以对于我们也是同样的，零基础并不可怕，只要我们有一颗积极向上、奋发拼搏的心，我们同样可以。

7月19日，成果展示。我作为第六组会计专业组的主讲人上台进行15分钟的课堂教学片断展示，这是一个难得的自我提升机会，也得到了专家的点评，诸如师生互动方面欠缺、与学生的交流欠缺、表达能力还需要进一步提高，应注重细节，设备调试好再开口说话，教学环节融入信息技术手段还有待提高。只有自己真正参与了，才能有更深刻的体会。

本次培训学校谢校长总结：内涵丰富，培训专家高度重视，前期还特意到我们学校开展了专题调研工作，精心选择培训内容，工作非常细致认真；名师荟萃，专家讲课风格优美风趣，营造了一个良好的学习氛围，过程管理详尽，堪称职教的典范；学风扎实，培训期间老师们能严格遵守培训纪律，学习劲头非常足，学习过程中讨论很热烈，"师生"互动频繁；学员收获满满，让我们的知识得到了扩充，理念得到提升，方法得到掌握，心灵得到洗礼。

通过此次精准培训，我可以很自信地说，我的教师素养有了很大的提升，收获颇丰。感谢湖南环境生物职业技术学院各位培训专家给我们带来精彩纷呈的培训内容，短短的十天培训时间，在我的大脑里构建起一座教学的建筑，之前许多的碎片知识，得以归类，有了一个架构之后，今后再逐步往这一建筑中添加素材，相信几年后，可以给大家呈现精彩的成果！

刘瑶

【成果五】

2019年7月1至19日，职业院校教师素质提高计划2019年国家级培训项目——郴州理工职业技术学校"送培到校精准培训"在我校成功举办，这对我校参培老师来说是一个大大的福利包，受到了所有参培老师的热烈欢迎，大家学习热情空前高涨，现就培训谈谈我个人的心得体会。

培训历时10天，分别由文学禹、刘旺、黄艳华、刘妍君、韩玉玲、刘军、徐一斐、胡平霞八位老师先后授课。

7月10日上午，文学禹老师讲授了"科研论文撰写及项目（课题）申报"这一内容。通过学习，我了解了科研项目的类型及科研项目申报中的主要问题，掌握了科研项目的申报技巧。下午由刘旺老师主讲"新形势下中职教育教学改革新理念"，年轻的刘老师上课生动风趣幽默，通过学习，我理解掌握了先进的职教理念，明确了中职教育人才培养目标及培养路径。

7月11日至12日，由黄艳华老师主讲"专业人才培养方案制定与课程体系优化"，采用了案例教学法、思维导图教学法、头脑风暴法、张贴板教学法等方法，教学方法新颖，课堂气氛活跃。通过学习，我掌握了专业人才培养方案的撰写规范与要领，掌握了课程设计的基本理念与具体方法，提高了课程教学教研水平，受益匪浅。

7月13日至15日，刘妍君老师、韩玉玲老师和刘军老师讲授了"有效课堂认知""有效课堂教学设计""教学实施"三个方面的内容。通过以小组为单位展开的讨论和学习，我对"有效课堂"和"有效课堂教学设计"的本质和核心有了一个颠覆性的认知。课堂上，刘军老师理论联系实际，既在理论上讲授如何设计教学过程、制定评价方式，又毫无保留地展示他在自己的教学实际中制定的教学过程设计和诸多学生考评表格，并耐心地对学员一一解释说明，干货满满。

7月16日—18日，是徐一斐老师和胡平霞老师的信息化模块教学。课堂上，老师娓娓道来，深入浅出，理论联系实际操作，并展示了几份优秀的参赛教学设计，让我眼界大开，明白了一个深刻的道理：教学有法、教无定法、贵在得法。特别值得一提的是，通过课堂学习，我学会了PS软件和CS软件的一些基本功能，能对给出的PPT课件进行基本的优化，有效地掌握了运用音频、视频资源进行教学活动的基本方法，我相信，通过学习，我以后也能制作出我自己的一堂微课。

7月19日，为老师培训成果展示，精彩纷呈，让我在同事们的身上看到了我校美好的未来。

陈红芬

第八节 郴州一职教师培训项目的开展

一、培训实施方案

（一）培训对象

参培教师名单：30人。旁听人员名单：4人。

（二）培训目标

（1）把握新形势下职业教育的变化与特点，树立现代职业教育理念，培养创新精神和改革意识。

（2）提高专业素养及教学教研水平，提升教学改革能力。

（3）掌握现代信息教学技术与方法，提升课程实施能力。通过培训，从课程整体设计、课堂教学、信息化教学设计等方面全方位提升学员的教学素养，促进专业成长，提升教师职业能力。

（三）培训内容

1. 职业教育新理念及课程开发实施办法课程着眼于提高中职学校专任教师的教育理论水平和对课程的全方位认识，进一步指导中职教师科学制定和优化课程标准。

2. 课堂教学能力提升课程着眼于提高中职专任教师进行课堂教学设计的能力，准确把握新的课程教学模式，创新教育教学方法，提高理论指导实践的能力。

3. 信息化教学设计能力提升课程着眼于指导学员运用现代信息技术进行教学设计和教学管理，通过信息技术平台提升教师信息化教学能力。

二、培训心得汇总

【成果一】

这次培训，通过为期一个多月信息技术线上线下的学习，我们对教育现代化有了新的认识，飞速发展的以计算机和网络技术为核心的现代技术，早已改变了我们以往的教学模式，对我们教师的职业能力有了更高的要求。信息的获取、分析、处理、应用的能力将作为现代教师最基本的能力和素质的标志，特别是对信息技术的综合运用能力，已不只是停留在文档编辑、课件制作上，这使我们认识到，作为一名专业教师，应积极主动吸纳当今最新的技术、最新方法。在专家教授的讲解和指导后，我们对课程标准、模块整合、教学设计等方面的优化，课件的制作、图片、文字处理等都有了进一步的理解和认识，感触最深的是教授们对微课制作、微视频剪辑方法、有效课堂设计的细致讲解与指导，让我们大开眼界。培训时间虽然短暂，但使我们受益匪浅。下面谈一谈这次培训学习的一些感悟。

（一）理念上的更新

（1）此次信息技术应用能力提升培训，虽然只有短短一个多月的时间，但是每一天紧张有序的培训，都使我们在观念上有一个更新。平时我们都停留在基本应用上,通过此次培训,才真正地认识到,在专业方面还有许多的不足,在信息技术的应用上有很大的提升空间,在今后的业务能力方面应广泛学习,刻苦钻研,大胆开拓,不断充电,补充新知,总结创新,从根本上提升专业素养。

(2)随着信息化快速发展,作为一名专业教师,具备良好的信息素养是终身学习、不断完善自身的需要。作为一名专业教师应具有现代化的教育思想、教学观念,掌握现代化的教学方法和教学手段,熟练运用信息工具(网络、电脑等)对信息资源进行有效的收集、加工、组织、运用;这些素质的养成就要求信息技术教师不断地学习,满足现代化教学的需要;信息素养成了终身学习的必备素质之一,如果专业教师没有良好的信息素养,就不能成为一名满足现代教学需要的高素质的专业教师。

(二)知识能力上进一步提升

(1)通过聆听专家教授对"新形势下中职教育教学改革新理念"专题与案例的分析,我充分认识到作为专业老师,首先要具备基本的信息素养,掌握信息操作的基本能力和获取信息的能力,除此之外还应具备信息收集处理以及表达的能力和综合运用能力。深刻地认识到教育信息的重要性,明白教育信息化的发展情况,真正理解了信息化教学环境在教育教学中的作用,掌握了几种常用的教学模式和软件的基本应用。

(2)通过聆听专家们对信息化的素材与软件应用、多媒体素材的处理、微课的设计与制作、微视频的剪辑等的解析,才真正地意识到自己在专业知识方面太落后与不足,同时也知道了怎样运用信息化技术将各种教学资源整合到教学中来。我们将继续学习各种关于信息技术的、专业知识,持之以恒,不懈努力,不断整合课程模块,优化课堂教学设计,向40分钟实施有效课堂,培养新时代所需要的具有高信息技能的新型人才。

总之,通过培训学习,我们不但提高了对好老师、新课程标准的认识,还使自己的信息化教学能力与运用得到了提高。在未来的工作岗位上,我们一定扎实工作,努力学习,利用各种教学资源,把所学到的信息技术知识更好地应用教育教学中,做一名对学生负责、对学校负责、对社会负责的优秀教师。

第一小组

【成果二】

信息技术是21世纪的第一生产力,抑或说信息技术是人类传承文明、把握未来的载体。学校作为教育的主战场，更是应该认识到信息技术的重要性。但由于专业技术缺少加持、创新能力的局限、学习方式有待改变、信息加工处理能力等方面的不足，一线教师在信息技术应用的方面还需加强培训学习。

我们很荣幸参与了2019"送培到校"的国培，听了湖南环境生物职院的黄艳华、刘军、文学禹、李蓉等老师的课，意识到信息技术的运用在教学中的重要性，同时，也深感将信息化教学技术合理运用到教学中的难度。

为期10天的培训，让我们受益匪浅，以下是我们第二学习小组在此次培训中的心得体会：

（一）课程体系要不断优化

课程体系是指在一定的教育价值理念指导下，将同一专业不同门类课程的各个构成要素加以排列组合，使各个课程要素在动态过程中统一指向课程体系目标实现的系统。课程体系是实现培养目标的载体，是保障和提高教育质量的关键。课程体系主要由特定的课程观、课程目标、课程内容、课程结构和课程活动方式组成。课程门类排列顺序决定了学生通过学习将获得怎样的知识结构。

所有学员分组，各组都画出了一份某一专业的课程体系结构图，发现目前职教课程体系存在的问题主要分为以下三类：（1）目标定位有偏差；（2）课程开发随意；（3）课程模式与内容陈旧。本着贯彻技能型人才培养的课程观、坚持能力培养的核心地位、坚持开放性、贯彻多元整合、实现整体优化、强调特色建设等多方面构建原则，我们对原有的课程体系结构展开了讨论与修改，每一次讨论都能发现一些问题。我们觉得应将学生职业能力的培养作为重点，尤其突出职业核心技能的设计与培养，在职业基础课程和职业方向课程的设计与教学中充分体现层递关系和对应关系。课程体系设置更应与职业资格证书衔接，教学内容与国家制定的职业分类和职业资格制度相适应。

在构建专业课程体系时，应紧紧围绕"项目式教学"这个教改主线进行课程建设，形成循环系统。

（二）课堂教学设计很关键

一堂好课就像一个情节曲折动人的故事，让人有峰回路转的感觉，让人有豁然开朗的心情，让人有雨过天晴的清爽。一堂好课更是需要一个好的教学设计支撑的。

教学设计是指教师以现代教学理论为基础，依据教学对象的特点和教师自己的教学观念、经验、风格,运用系统的观点与方法,分析教学中的问题和需要,确定教学目标,建立解决问题的步骤,合理组合和安排各种教学要素,为优化教学效果而制定实施方案的系统的计划过程。由此可以看出,教学设计的过程实际上就是为教学活动制定蓝图的过程。通过教学设计,教师可以对教学活动的基本过程有个整体的把握,可以根据教学情境的需要和教学对象的特点确定合理的教学目标。

选择适当的教学方法、教学策略,采用有效的教学手段,创设良好的教学环境,实施可行的评价方案,从而保证教学活动的顺利进行。另外,通过教学设计,教师还可以有效地掌握学生学习的初始状态和学后状态,从而及时调整教学策略、方法,采取必要的教学措施,为下一阶段的教学奠定良好的基础。

(三)信息化教学手段的运用很重要

随着时代的发展,特别是互联网技术的进步,我们的教学活动也越来越离不开信息化教学的手段。在信息化教学手段中用得最多的就是多媒体教学了,其次还有在线课堂、翻转课堂、MOOC 和蓝墨云班课等。

传统的教育理念强调以教师为中心,教师是一切教学活动的组织者与领导者,而学生作为学习的主体,一直处于被动的地位。这种模式充分发挥了教师的主导作用,便于组织和管理,同时也压抑了学生主动学习的积极性,不利于对学生各方面素质与能力的培养。而信息化教学手段的利用,使教师从知识的灌输者转变为教学活动的指导者、素质发展的促进者、学习创新的推动者,启发诱导,指引学生的思维方向,拓宽思维空间,培养思维能力。

在研究信息化教学理论基础的同时,应该积极地进行必要的教学实践,在实践中检验修正信息教学手段。教学实践的目的是信息化教学手段的应用形式。在试验时可以定期总结,定期讨论,最后听取相关意见,形成完善意见。

通过本次学习,我们深刻地体会到了学习的重要性与紧迫感。在以后的教学中,我们要不断学习,博采众长,让自己的课堂也活跃起来,真正让学生在快乐的氛围中学习。再次感谢湖南环境生物职院的各位教授们!

第二小组

【成果三】

通过本次信息技术能力提升线上线下培训的学习,参培学员学到了怎样运用多媒体教学手段和很多信息技术理论知识和实操技能。作为一名老师，最重要的是要备好课，运用好多媒体教学设备以及优化教学资源，才能备好一堂学生喜欢的课，信息化教学手段是教育教学的重要保障。就像一个上战场的士兵，只有把战斗的武器准备好了，才会打胜仗。

此次培训是通过线上课堂自学，湖南环境生物职业技术学院"送培到校"线下培训。线上线下各位老师的讲解，让学员懂得了很多以前所不了解的知识，如何制作微课，怎样合理利用多媒体教学资源，通过胡平霞等老师的培训，学员感觉到科学的教学方法的真实课堂上应用在优点。让我们自己深刻地领悟到自己的专业知识水平还有待提高，在今后的教学生活中还需不断地学习、充电。在培训中，我们了解了信息技术基本工具的作用，了解了蓝墨云课堂、学习星等教学和学习的平台，了解了计算机在其他学科学习中的一些应用，学会了制作微课；掌握了学科教学与信息技术整合的教学设计方法，能够用信息技术有效设计学科教学方案。掌握有效课堂教学方式方法，准确诊断和切实解决学科教学问题，提高课堂教学实施和评价能力。了解学科教学最新动态与发展趋势，能够在各个学科教学中选择运用，改进课堂教学及其研究行为。明确课程改革与发展对教师职业道德的新要求，能够在备课、上课、学生辅导、学业测评中不断提高自身素质。

这次培训使我们对教学理论与方法掌握得更加系统。通过培训学习，不但提高了我们对新课程的认识，还使自己的信息技术教学能力与技术得到了提高，为了真正推信息技术的发展，我们将会把所学知识应用于日常教学工作中，推进学校信息化教学建设。同时，学无止境，我们也将继续努力学习，认真钻研学习业务知识，提高业务水平，为教育信息化建设做出自己的努力！

第三小组

【成果四】

作为郴州市第一职业中专的一名普通教师，我有幸参加了由湖南省教育厅主办、湖南环境生物职业技术学院承办的职业院校教师教育教学素质提高计划2019年国家级培训项目，听了黄艳华、胡平霞、李蓉、刘军等教授的课，我意识到了自己知识的贫乏与稚嫩，意识到信息技术在教学中的重要作用，意识到我们要像准备教师职业能力大赛一样备好每一堂课，在学习过程中系统的学习又逐渐使我变得充实与干练。

此次培训是先完成线上信息化教学设计、信息化职业技能、信息化教学素养的学习，再由湖南环境生物职业技术学院的教授对学员进行线下集中培训。持续十天的培训，在专家的精心指导下，大家学习热情高涨，课堂气氛积极活跃，教师们从一个知识点的教学设计入手，再到一堂课的教学设计、一门课程的教学设计，系统地学习了如何优化教学设计、如何优化微课、如何提高课堂效率等先进的教学理念。短短十天的培训，让我们脑洞大开、获益匪浅，以下是我们第五学习小组在此次培训中的心得体会：

（一）巧做教学设计

教学设计是一项以实现优化学习为目的的特殊设计活动，具有系统性、理论性与创造性、计划性与灵活性、具体性等四个特征。

（1）系统性：教学设计是以系统方法为指导，把教学各要素看成一个系统，分析教学问题和需求，确定教学目标，安排教学要素及环节，使教学效果最优化。

（2）理论性与创造性：在教学中，教师既要依据基本理论进行教学设计，又不能过于教条，应创造性地运用与发展教学理论。

（3）计划性与灵活性：教学设计需要根据实际情况与教学需求，认真规划、灵活安排各要素与环节，设计出符合教学实际的教学方案。

（4）具体性：教学设计需要设计出具体、可行的教学步骤、方案，制作出支撑教学活动的教学资源。

（二）巧做课程设计

印象最深的是第一天的培训，胡艳华老师让我们做一门课程教学设计。课堂上胡老师讲得津津有味，我们也听得似懂非懂（突然想起我们教的学生，他们是不是也有同感？）。但是一到动手环节，发现竟然无从下手。

经过小组深刻的讨论分析，胡老师耐心的引导指点，我们最后选定了《模具制造技术》这门课程，围绕这门课程的人才培养方案，确定专业方向课程、专业核心课程、公共基础课程及选修课程。课后提交作业之后，胡老师点评专业核心课程还可以再优化，于是我们小组成员又聚在一起，仔细分析起来。最后用思维导图的方式在专业核心课程、专业选修课程等方面重新优化了《模具制造技术》的课程结构设置。

有了第一次大胆的尝试，接下来的各种知识点的教学设计、课程优化设计等都不在话下，大大提高了学员参与的积极性。

171

（三）巧做微课

微课是指运用信息技术，按照认知规律，呈现碎片化学习内容、过程及扩展素材的结构化数字资源。李蓉老师课前将知"微"见著的学习包发到云班课中，课中从短、小、精、悍引出优质微课的特征，课后六个小组成员分别从精选题、巧设计、重录制完成了一个课题的微课制作，最后经过剪辑、后期编辑等制作，将微课运用到自己的教学设计中，让我们明白什么是微课、什么情况下用微课及如何用好微课。

最后让我感动的是陈校长、言校长等校领导高度重视此次培训，百忙之中都以学生的身份全程参与培训，不迟到早退，有事主动跟主讲老师请假，是我们学习的榜样。

再次感谢湖南环境生物职院的各位教授们。

我们第五组全体学员，在整个培训期间，认真学习，团结协作，教学设计水平及信息化教学运用能力得到很大提升。大家一致表示，会将培训中所学的知识运用到今后的教学中，为一职的发展添砖加瓦。

第四小组

第九节　永州工贸教师培训项目的开展

一、培训实施方案

（一）培训对象

参培教师名单：30人。旁听人员名单：15人。

（二）培训目标

（1）解读职业教育的最新政策，把握新形势下职业教育的变化与特点，树立现代职业教育理念，培养创新精神和改革意识。优化专业人才培养方案，对照职教20条进行顶层设计。

（2）掌握课程设计的基本理念与具体方法，提高专业素养及教学教研水平，提升教学改革能力。

（3）掌握现代信息教学技术与方法，提升课程实施能力。通过培训，从课程整体设计、课堂教学、信息化教学设计等方面全方位提升学员的教学素养，促进专业成长，提升教师职业能力。

（三）培训内容

（1）职业教育新理念及课程开发实施办法课程着眼于提高中职学校专任教师的教育理论水平和对课程的全方位认识，进一步指导中职教师科学制定和优化课程标准。

（2）课堂教学能力提升课程着眼于提高中职专任教师进行课堂教学设计的能力，准确把握新的课程教学模式，创新教育教学方法，提高理论指导实践的能力。

（3）信息化教学设计能力提升课程着眼于指导学员运用现代信息技术进行教学设计和教学管理，通过信息技术平台提升教师信息化教学能力。

二、培训心得汇总

【成果一】

今年暑假期间，我有幸参加了永州工贸学校"送培到校"的国家级培训，聆听了湖南环境生物职业技术学院文学禹、梁称福、黄艳华、刘妍君、徐一裴、胡平霞等几位专家讲师的讲座，让我对教育信息化有了新的认识。

其中，刘妍君老师针对教案的制作进行的讲解，为我们今后提高课堂教学的有效性和课堂教学质量具有重要的指导作用。通过制作关联表和细目表，我们能一目了然地掌握每节课的教学目标以及重点和难点，能轻松自如地驾驭教材和课堂，实现课标的要求。徐一裴老师讲解了PPT的制作，听过了之后我学习到了很多做PPT的方法，受益良多。胡平霞老师讲授的《微课制作与教学研究》针对了时下教育信息化的发展，听过之后我了解到了很多有关微课的知识，可谓受益匪浅。她讲解全国教师职业能力大赛的时候，看到国赛一等奖的作品感觉很震撼，让我内心受到了震撼，详细讲解了参赛作品的设计思路和方法，学会了很多。

当今以计算机和网络技术为核心的现代技术正飞速地发展，改变我们的学习方式，信息的获取、分析、处理、应用的能力将作为现代人最基本的能力和素质的标志。特别是对信息技术的综合运用能力，现在已不只停留在课本知识课件的制作上。作为一名教师，应积极主动吸纳当今最新的技术，并把它们应用于教学活动之中，在这短短的培训中我深深地体会到：

（一）理念上应更新

（1）通过这次教育信息化能力提升培训，我真正地认识到活到老学到老，只有更新观念，不断学习新知，从根本上提升专业素养，才能跟上时代的步伐。

（2）作为一名教师，具备良好的信息素养是终身学习、不断完善自我的需要。还应具有现代化的教育思想、教学观念，掌握现代化的教学方法和教学手段，熟练运用信息工具（网络、电脑等）对信息资源进行有效的收集、加工、组织、运用，这些素质的养成就要求我们不断地学习，满足现代化教学的需要。

（二）专业知识方面

（1）此次培训使我充分认识到作为老师，要具备基本的信息化素养，掌握信息操作的基本能力和获取信息的能力，还应具备信息收集处理以及表达的能力和综合运用能力。同时，认识到教育信息化的重要性，了解了教育信息化的发展情况，信息化教学环境在教育教学中的作用以及几种常用的教学模式和软件的基本应用。

（2）教育的实质是通过传播、交流信息，有目的地影响他人的活动，因此我们要充分利用五大感官对信息的获取，并按一定的目的要求，选择一定的合适的信息内容，通过有效的载体把经验、知识、方法传给学生。发挥信息传递视角的六大功能，方可创造情境，变静为动，变可见为不可见，变抽象为直观，模拟场景，转化信息，课堂教学效率才会不断提高。

（3）利用现代技术，解决传统教学手段、传统信息技术教学目的的那些关键性的教学因素和教学环节。有效达成教学目标的困难点和影响有效达成教学目标的哪些关键性的教学因素和教学环节是整合点的不同定义。正确运用整合点的诊断方法，才能在现代教学设计中，找准有效达成教学目标的困难点。

（4）要"以人为本，育人为本，发展为本"。作为教师，要尊重终身教育观，做好解析者、示范者、组织者、启迪者、指导者、给渔者、促进者。学生终身学习、发展观。做到主动参与，自主探究，交互合作，会学习，会活用。要以优质的数字化学习环境为支撑创新，因材施教。处理好尊重鼓励、民主平等、学会合作的师生关系。

（三）细节上的渗透

本次培训注重细节上的教学渗透，各位专家和名师通过专题讲座与案例分析和演示操作的方式，不仅教给我们知识和技巧，更在无形中用自己的言行来引导大家，在一些细节的讲解上十分细致，恰当地渗透各学科的常识，使不同程度的老师都能得到提高，真正地学有所获。

通过本次培训，我深深体会到我们必须站在教育教学改革需求的角度，教育信息化在两个课堂的建设中有积极的推动作用，要把两个课堂的建设做好做实，使教育信息化能力不断提升，真正达到教育信息化与课堂教学的深度融合。教育也要时代化，要融入现代的生活之中，融入这个信息的时代，这个信息的社会。

张波

【成果二】

我于7月21日至30日参加了由湖南省教育厅主办、湖南环境生物职业技术学院承办的职业院校教师素质提高计划"送培到校"的培训项目。此次培训以提高教师教学科研水平、提升教学改革能力为主要培训目标，从课程整体设计、课堂教学、信息化教学设计等方面全方位提升参训教师的职业素养。经过老师的精心培训，我们感到收获满满。

（一）老师们严谨的工作态度、认真负责的工作作风值得学习

在这炎热的酷暑，我们先后听了黄艳华老师、刘军老师、梁称福老师、刘妍君老师、胡平霞老师等多位老师的课，他们上的课生动易操作，使学员们非常容易接受，但我最为感动的是老师们的工作态度，天气虽然炎热，特别是中午时间短，老师们都得不到很好的休息，但上课仍然是精神抖擞，认真负责，良好的师德师风，是我学习的榜样。

（二）用新时期教育理论做指导，运用现代化技术，提升学员的教学水平，初步接触到诸如课前导入、任务驱动、工学结合、头脑风暴、合作学习等职教新理念、新思维、新方法。在培训过程中，学员们了解了职业教育的相关政策，学习了人才培养方案的制定、课程体系的构建、课程标准的开发、教学的信息化应用等知识，大家纷纷表示，要牢记教学设计与改革使命，不忘信息化教学模式的初心；要充分利用网络海量资源，努力创造第一手资料，时刻创新教育教学方法和手段；信息化竞赛获奖不是最终目标，提升自身的教育教学水平和整体素质才是硬道理！自身技能和素质高了，才能更好地为学校服务、为社会服务！

通过培训，我会在以后的教学工作中，时时处处注重自己的师德修养和人格塑造，并加强自己的理论素养和专业技能的学习和提高，具有较强的教育科研意识和能力，有目的地总结教育经验，反思教学实践，一切从实际出发，切实担负起教师应尽的责任和义务。这次培训让我深刻地认识到必须积极加强课程改革，做课程改革的实践者。课程改革现在虽然还处于探索阶段，许多未知的领域需广大教师去进行认真探索。身为老师，要

把握新课改的动态、要了解新理念的内涵、要掌握学生的认知发展规律。我们要加大课程结构改革，革新教育方法，更新育人理念，提高学习技能训练，加强校企合作，确定以"学生为中心，以能力为本位，以就业为指导"的思想，培养出社会真正需要的人才。在今后的日子里，我将不断地学习理论知识，用理论指导教学实践，研究和探索教育、教学规律，把科研和教学结合起来，做一个专家型、学者型的教师，使自己具有所教学知识方面的前瞻性。这样，才能培养出新时期"发现型、发明型、创造型、创新型"的学生。

邓文

附录：湖南省职业院校教师培训项目绩效评价指标

第一章　总则

第一条　为规范和加强职业院校教师培训管理，确保培训质量，提高培训效益，根据《教育部办公厅关于印发<职业院校教师素质提高计划项目管理办法>的通知》（教师厅〔2017〕3号），制定本办法。

第二条　本办法所称职业院校是指经政府有关部门依法批准建立，实施全日制中等学历教育的各类中等职业学校、实施全日制高等学历教育的高等职业学校和高等专科学校，含高等学校附属的高职（专科）学院、中专部、中等职业学校等。

第三条　本办法适用于由省统筹组织的国家级、省级职业院校教师培训。

第二章　职责分工

第四条　省教育厅负责国家、省级培训的统筹规划、年度任务部署和绩效考评，出台项目管理制度，统筹协调区域、机构合作，推进优质资源共享共用。加强培训基地建设，打造培训名师队伍，开发培训资源，完善教师专业发展支持服务体系。制订年度绩效目标和实施任务，发布项目承担单位资质和条件，审定项目实施方案。完善信息管理平台，成立专家组，组织开展检查指导和绩效考评。

第五条　各市州教（体）育局要围绕五年一周期教师全员培训的整体目标，开展培训需求调研，出台本地区教师培训总体规划。完善机构、人员和经费保障。统筹国家、省和市州级培训。负责推荐教师参加国家、省级培训，并进行跟踪管理。组织实施好本市州承担的国家、省级培训任务，强化过程管理和质量监控。

第六条　项目承担单位负责组织需求调研，制订项目实施方案。整合集中本单位优质资源，申报承担相关项目任务。落实必要的设施设备、人员、经费等条件，做好后勤保障，高质量实施项目任务。加强培训教学、学员、考核结业和经费使用管理，开展项目总结评估和绩效评价，建立培训档案和跟踪服务机制。加强培训师团队建设。

第七条　职业院校要制定本校教师培训整体规划，为教师参加培训提供必要的支持和帮助。教师制定个人专业发展规划，认真完成培训任务，坚持学以致用、重在实践，推进培训成果转化，有效改进学校教育教学工作。重视培训成果在校内推广和示范。

第三章　培训对象

第八条　参加国家、省级培训的教师，必须是我省职业院校在职在岗的专任教师或相关管理人员。所教专业、课程或从事的工作与培训专业、课程或培训主题相符。师德良好，身心健康。

第九条　市州和学校选送培训对象的指标，由省职业院校教师培训与考核工作委员会（以下简称"省职教培考委"）办公室依据当年各市州或学校培训需求情况，综合考虑市州和学校平衡，以及上年度市州和学校培训对象实际落实情况确定。

第十条　培训对象由市州和学校负责推荐。中等职业学校教师培训对象由市州教（体）育局推荐，高职高专院校培训对象由学校推荐。培训对象推荐名单由市州教（体）育局和高职高专院校统一上报省职教培考委办公室。对不能满额完成培训指标的市州和学校，下年度将适当核减其培训指标。

第十一条　培训对象确定后，由省职教培考委办公室统一分配至相关培训基地。培训对象一旦确定，不得更换。对报名后无故不参加培训或中途自动放弃培训的教师，将通报所在市州或学校，三年内不再给予其参加省级及以上培训的机会。

第四章　培训依据

第十二条　制定了统一培训与考核标准（以下简称《标准》）的培训项目，培训的相关内容及组织方式等依据相应《标准》执行，未制定《标准》的培训项目，培训的相关内容及组织方式等依据相应培训实施方案执行。

第十三条　国家、省级培训项目的相关《标准》由职教培考委办公室统筹组织开发，经省职教培考委审定后，报省教育厅批准公布实施。培训实施方案由省职教培考委办公室审定通过后实施。

第五章　培训基地

第十四条　培训项目承担基地每年遴选一次，原则上由全国重点建设职业教育师资培养培训基地或教育部财政部职业院校教师素质提高计划国家级培训项目管理办公室备案的优质省级职教师资培养培训基地申报。根据培训需要，邀请部分本科学校、其他职业院校和规模企业、机构作为补充。且满足下列条件：

（1）遵守国家法律、法规，贯彻执行国家教育方针，热心承担职业院校教师培训任务；

（2）具有满足教师培训所必需的培训管理机构与教学团队，具备满足培训与考核要求的硬件环境，有符合要求的后勤生活保障条件等；

（3）能准确理解和把握培训理念和《标准》或实施方案要求，培训内容和实施办法符合相关文件的规定；

（4）需校企合作开展培训的项目，基地须已建立稳定的校企合作关系，校企能共同实施培训；

（5）规章制度健全、内部管理规范、有一定的培训经验（经历），社会信誉较好，学员满意度高。

第十五条　培训基地由符合条件的院校或企业、机构自主申报，省职教培考委办公室组织专家遴选，经省职教培考委审定，报教育厅批准后确认。

第十六条　纳入国家、省级培训规划的市州级培训，培训基地由市州教（体）育局组织专家评审并发文确定，报省职教培考委备案。

第十七条　培训基地在组织培训与考核过程中必须坚持严谨、公开、公平、公正的原则。对被投诉、举报的培训基地，省职教培考委办公室将及时查实和处理，有下列情况之一的，取消其培训资格：

（1）由于培训组织工作不力，培训条件得不到保障，培训质量达不到要求的；

（2）由于考核组织工作不严，影响过程考核成绩客观公正，造成不良影响的；

（三）由于培训管理工作混乱，发生教学事故或安全责任事故，造成不良影响的。

第六章　培训组织

第十八条　省职教培考委办公室向培训基地下达培训任务，培训基地按计划组织实施培训，接受省职教培考委办公室的业务指导和监督管理。

第十九条　培训基地成立由所在单位主要负责人任组长的培训工作领导小组，设立专门的培训管理机构负责组织实施培训工作，实行项目负责人负责制，配备专职班主任、信息管理员等。明确各部门和相关人员的职责。

第二十条　培训基地有关培训组织管理包括培训报名管理、培训过程管理、培训质量管理、培训安全管理、培训成绩管理、培训档案管理、后勤保障管理等。

（1）培训报名管理。培训基地分期次制定《培训实施方案》与《开班通知》，至少于开班前7天报省职教培考委办公室审核、备案，并网上发布。根据下发的培训学员名单，至少提前5天逐一联系培训学员，指导其提前完成网上注册，通知报到相关事宜，完成报到组织工作。每天向省职教培考委办公室报告学员报名与报到中出现的异常情况。

（2）培训过程管理。建立培训过程管理制度，明确相关部门和人员的工作职责，加强对培训过程各环节的检查、督导与考核，落实培训工作责任制和责任追究制，防止各类教学事故与安全责任事故发生。及时以简报方式向省职教培考委办公室汇报培训实施情况。培训时长为20天内的项目，每期培训不少于2期简报；培训时长为40天及以上的项目，每期培训不少于4期简报。

（3）培训质量管理。根据培训实施方案制定各教学环节的质量标准，遴选优秀师资担任培训讲师，并根据需要配备必要的辅讲教师，建立培训教学质量信息采集、信息反馈、考核评估等监控管理制度，并严格执行。及时发现问题，并予以纠正、改进和弥补。

（4）培训安全管理。加强安全教育，为参训人员办理人身意外伤害保险。制定高温、突发停水、停电、学员身心异常以及群体性事件的应急预案，有序应对各种可能的突发事件，保持正常的培训秩序。一旦出现异常情况须第一时间向省职教培考委办公室报告。

（5）培训成绩管理。过程考核成绩每次考核结束后1日内、结业考核成绩在考核结束后2日内，登录相关培训管理平台录入培训学员电子档案。过程考核成绩纸质文档须由指导教师签字确认，结业考核成绩纸质文档须由考核专家和基地负责人签字。

（6）培训档案管理。及时收集整理工作方案、培训实施方案、开班通知、学员花名册、结业考核方案、学员成绩册、培训考勤表、培训简报、培训过程照片（不少于10张）、培训总结、部分学员心得或总结（不少于5份）、项目绩效报告等业务档案资料，立卷归档。同时，将成册扫描电子文档（pdf格式），发送至省职教培考委办公室。

（7）后勤保障管理。重视培训学员的生活服务与管理工作，努力改善食宿条件，切实加强食堂卫生、饭菜质量监督和宿舍安全保卫工作，确保学员在培训期间身体健康、财产安全。

第二十一条 省职教培考委办公室负责培训过程的监控和不定期随机抽查，对抽查中发现的问题提出整改意见，并责令限期整改。

第七章　学员管理

第二十二条　学员报到前，须登录相关管理平台报名、注册，按系统要求，录入真实的个人信息。相关信息将作为教育行政部门统计分析职业院校教师队伍建设基本情况，以及教师个人培训学分统计的重要依据。

第二十三条　学员要按时到培训基地报到，不能按时报到的，应事先向培训基地说明理由，并由所在工作单位出具书面证明。培训期间，学员应自觉遵守党和国家的政策法规，遵守培训基地的各项规章制度。不得向培训基地提不合理要求，有意见必须通过正常渠道反映。并严格遵守以下基本守则：

（1）自觉转换角色，树立"学生角色"的自我意识，尊重教师，树立谦逊、勤奋、严谨、求实、创新的优良学风。

（2）严格按培训日程参加全部学习，除人力不可抗拒因素，一律不准请假，不准缺席。确因特殊情况需请假，须由所在工作单位负责人向培训基地提出，并出具相关证明（因病须有县级以上人民医院出具病历证明），经培训基地同意后，方可离开。

（3）严格遵守作息时间，按时上课，提前10分钟进入教室或实训室，不迟到、不早退、不缺席、不旷课。上课和实训期间关闭通信工具或调为无声状态。

（4）明确学习目的，端正学习态度，认真完成老师布置的作业，积极参加技能训练、专业考察和企业实践，按时提交作业或实训作品。每天认真填写培训日志，并登录湖南省职业院校教师管理系统填报。

（5）遵守住宿管理规定。不损毁住宿设施，不私自搭接电线电器，不留宿他人，不因娱乐影响自己和他人的正常学习和休息。

（6）仪表端庄，待人礼貌，自尊自爱，不观看、传播反动淫秽书刊和音像制品，不赌博，不酗酒，不私自下水游泳。

（7）遵守和维护社会公德，不随地吐痰，不在学习场所吸烟、吃槟榔，不乱扔果皮纸屑，保持学习场所整齐清洁。

（8）爱护公共财物和教学设施，损坏或丢失按培训基地有关规定赔偿。

（9）在集体生活中，互相尊重、互相谅解、互相帮助。

第二十四条　学员累计请假超过培训总课时的15%，或旷课2次及以上者，不予结业。对严重扰乱培训秩序者，培训基地有权终止其培训，并通报所在单位。出勤情况和违纪情况，由培训基地如实计入其学员手册。

第二十五条　培训学员手册进入教师业务档案。获取的相关培训合格证书将作为教师资格认证、职务晋升、专业技术职务评审、牵头申报省级重点项目的重要条件，作为评选优秀教师、教学名师等的重要依据。

第八章　考核结业

第二十六条　培训学员考核包括过程考核与结业考核。过程考核由培训基地组织实施，结业考核原则上由省职教培考委办公室统一组织实施，其中，培训时长为20天以内的培训项目，结业考核可由省职教培考委办公室委托培训基地组织实施。

第二十七条　由省统一组织结业考核的项目，须至少于培训结业前7天由培训基地向省职教培考委办公室提出考核申请，并提交结业考核实施方案。结业考核考点原则上设在各个培训基地，考核专家由省职教培考委办公室派遣，各考点根据考核要求负责准备场地、设备、材料等，安排考务人员。

第二十八条　结业考核内容依据各项目的具体培训内容由省职教培考委办公室确定。

第二十九条　考核专家及相关工作人员须严格遵守考核工作纪律，不徇私舞弊，保证考核成绩客观、公正。对违反考核工作纪律和有关规定的人员，视情节轻重分别给予批评教育、取消专家资格，责成所在单位做出相关处理。

第三十条　学员考核总成绩由过程考核成绩与结业考核成绩两部分构成。所有项目考核及结业考核成绩均合格，方能认定考核成绩合格。出现严重违纪及安全责任事故等，考核总成绩不合格。

第三十一条　考试成绩合格且总成绩达到90分及以上的学员可参加优秀学员评选。评选采用基地推荐，省职教培考委办公室审核确认的方式。荣获优秀学员称号的由省职教培考委办公室颁发"优秀学员"荣誉证书。每期次评选优秀学员名额不超过参培总人数的20%。

第三十二条　各地各校教师参加培训并取得相关培训合格证书情况将作为评价地方职业教育发展水平、学校办学水平、专业建设水平的重要内容，作为国家和省级职业教育重点建设项目申报、遴选的重要依据。

第九章　经费管理

第三十三条　国家、省级培训项目经费原则上由省下拨至培训基地，主要用于培训相关材料采购、设备租赁、资料印刷、学员食宿、师资费（含讲课费和工作人员费用）、培训场地费、交通费等。其中，住宿费、伙食费、场地、资料、交通费、讲课费和其他费用开支标准，参照《关于印发<湖南省省直机关培训费管理办法>的通知》(湘财行〔2017〕7号)有关规定执行。需下达至送培单位的培训经费，按照送培人数及相关标准下拨。

第三十四条　职业院校要保障参训教师的合法权益。教师参训期间，享受学校在岗人员同等工资和福利待遇，参加培训往返及异地教学发生的城市间交通费由所在单位负担。

第三十五条　各项目承担单位和送培单位要严格经费管理，落实经费审计和预决算制度，严格经费报销，确保资金专款专用、专账管理，不得用于弥补其他资金缺口，不得以管理费等名义截留、挪用。项目承担单位不得以任何形式向参训教师收取额外费用。严格落实中央八项规定精神等相关要求，厉行勤俭节约，提高经费使用效益。

第三十六条　培训结束后，项目承担单位必须在当年完成相关费用报账工作，撰写项目绩效报告。

第十章　绩效评估

第三十七条　省教育厅采取自我评估、匿名评教、专家抽评、第三方评估等多种方式，对项目承担单位进行绩效考评。对成效突出的培训基地给予表彰，并在下年度遴选培训基地时，予以优先考虑。

第三十八条　职业院校及参训教师要发挥主体作用，积极参与匿名评教、绩效评价等工作，如实反馈项目实施效果。

第十一章　附则

第三十九条　本办法自公布之日起执行，由省职教培考委办公室负责解释。

湖南省职业院校教师培训项目绩效评价指标

	二级指标	评价内容	评价方法	配分
培训组织	领导重视	举行了开班仪式，并有院（校）长或书记以及主管培训工作的院（校）级领导参加并讲话 院（校）级领导不少于1次/2周、系部领导不少2次/1周到培训班了解学员学习与生活情况 在培训过程中出现的各种问题，学校能在24小时内提出解决办法并组织实施	学员座谈	10
	机构建设	有专门的培训管理机构和统筹负责人，配备专职培训教学管理人员和班主任，负责培训教学安排与学员生活管理	学员座谈	5

续表

	制度建设	制定了符合培训项目特点的培训教学与生活管理的相关文件，相关的文件齐全、完整，并严格执行	资料查阅	5
培训条件	实训条件	设施设备达标率和训练项目开出率均达到100%（含与企业合作达到）工位数量充足，团队合作项目至少2-3人一个工位，需独立操作项目1人一个工位	学员座谈现场查看	5
	校企合作	需校企合作的项目，组织了学员到不少于2家企业进行调研或参观，且企业在省内相关行业具有代表性 需企业实践的项目，组织了学员到合作企业跟岗、轮岗体验或顶岗实习，有反映企业实践教学的现场记录	学员座谈资料查阅	5
	后勤保障	学员宿舍配备有热水、空调、网络、电视，每间住宿人数不超过3人 学校食堂划定专门窗口和区域提供学员就餐，无违规发放生活补贴	学员座谈现场查看	5
培训实施	需求调研	组织了培训需求调研，调研人数不少于本项目参培学员总数的60% 形成了调研报告，报告完整，分析科学合理	资料查阅	5
	培训内容	培训师授课内容与培训实施方案安排一致，无随意调整现象。	学员座谈查阅资料	5
	培训师资	严格按照培训实施方案安排培训师实施培训，有主讲教师与辅讲教师之分，且分工合理，培训师授课执行时间与培训实施方案一致 涉及专业实践能力培训的模块至少有1名主讲教师来自企业，顶岗实习模块指导以企业现场专家为主	学员座谈随堂听课	10
培训实施	过程管理	每天及时组织学员填写学员日志（电子与纸质），并由相关人员进行审核、填写审核意见 培训教员审核意见客观，采用写实性记录，如：第几节课迟到多少分钟 严格执行考勤制度，并按照管理办法相关要求履行请假手续，相关记录资料齐全，符合文件要求	资料查阅学员座谈	5

	过程考核	及时组织相关训练项目过程考核，考核评价标准符合培训标准与实施方案要求 作品（产品）、评分表等考核资料齐全，成绩评价客观公正	现场查看 资料查阅	5
	宣传报道	通过网络、电视、报纸等宣传培训工作，按管理办法要求按时报送培训简报	资料查阅	5
	培训资料	按照培训标准和实施方案项目相关要求，每半天均下发了任务单 培训师按培训项目需要，认真准备了教案、讲稿、项目案例等教学资料 及时将培训相关资料按管理办法要求立卷归档。同时，电子文档提交省职教培考委办公室	资料查阅	5
培训效果	教学效果	培训方式以分组教学、现场教学、案例教学等为主，充分体现做中教、做中学。课堂气氛活跃，学员学习积极性、主动性高 学员对培训师教学效果整体满意度高	随堂听课 满意度测评	10
	学习成果	能严格要求每个学员根据培训标准的任务要求自己完成相关训练项目并形成作品，学员作品、作业质量高	现场查看 资料查阅	10
	绩效报告	及时撰写绩效报告，资金使用合理、规范，培训效益高	资料查阅	5
合计				100

参 考 文 献

[1]顾明远，檀传宝.中国教育发展报告——变革中的教师与教师教育[M].北京：北京师范大学出版社，2004：159.

[2] 吴玲.教育硕士专业学位课程设置研究：基于教师专业发展的视角[D].上海：华东师范大学，2007：42.

[3] 黄耀.关于"送教下乡"活动策划的有效性思考[J].现代中小学教育，2010（08）：60-61.

[4] 高闫青，"国培计划"置换脱产研修项目培训体系的构建[J].西北师大学报，2011(48)：69-73.

[5] 易洪湖.湖南省学前教育"送教下乡"活动研究[D].长沙：湖南师范大学，2012.

[6] 周桂荣."送教下乡"教学进程管理模式探究[J].现代农村科技，2012（15）：65-6.

[7]申秀英，凌云志等.教师培训模式创新研究与实践[M].北京：光明日报出版社，2019.

[8]唐明."国培计划"送教下乡培训课程体系建构[M].昆明：云南美术出版社，2020.